U0034198

New Life
26

New Life
26

靈魂的朋友

古老的凱爾特智慧，
不可思議的療癒人類、靈魂、自然與世界

Anam Cara: A Book of Celtic Wisdom

約翰・歐唐納修（John O'Donohue）——著　張家瑞——譯

New Life 26

靈魂的朋友
：古老的凱爾特智慧，不可思議的療癒人類、靈魂、自然與世界

原著書名　Anam Cara: A Book of Celtic Wisdom
原書作者　約翰・歐唐納修（John O'Donohue）
譯　　者　張家瑞
封面設計　林淑慧
主　　編　劉信宏
總 編 輯　林許文二

出　　版　柿子文化事業有限公司
地　　址　11677 臺北市羅斯福路五段 158 號 2 樓
業務專線　（02）89314903#15
讀者專線　（02）89314903#9
傳　　真　（02）29319207
郵撥帳號　19822651 柿子文化事業有限公司
投稿信箱　editor@persimmonbooks.com.tw
服務信箱　service@persimmonbooks.com.tw
業務行政　鄭淑娟、陳顯中

初版一刷　2022 年 12 月
定　　價　新臺幣 399 元
I S B N　978-626-7198-13-1

歡迎走進柿子文化網 https://persimmonbooks.com.tw
網路搜尋 60 秒看新世界
～柿子在秋天火紅 文化在書中成熟～

國家圖書館出版品預行編目 (CIP) 資料

靈魂的朋友：古老的凱爾特智慧，不可思議的療癒人類、靈魂、自然與世界 / 約翰・歐唐納修（John O'Donohue）著；張家瑞譯.
-- 一版. -- 臺北市：柿子文化，2022.12
面；　公分. --（New life；26）
譯自：Anam Cara: A Book of Celtic Wisdom
ISBN 978-626-7198-13-1（平裝）
1.CST: 靈修 2.CST: 友誼
192.1　　　　　111018123

給喬絲的祝福

有一天
當你失去平衡，
你踉蹌失足，
願泥土舞動
助你恢復平穩。

當你的雙眼
呆望著灰色的窗戶，
迷網的鬼魅
便溜進你的內心，
願諸多色彩，
藏青、紅色、綠色
和天藍，

喚醒你心中
一片歡樂的草地。

當思想之船的風帆磨損，
你腳下的大海
也驀然變黑，
願昏黃的月光
在水面上映照出一條航道，
引領你安然歸鄉。

願你得到大地的滋養，
願你得到明光的引導，
願你得到順流的海潮，

願你得到祖先的庇佑。

也願這些愛的話語
徐徐的吹向你，
圍繞著你，
變成一個隱形的護罩，
照拂你的人生。

紀念我的父親派迪．歐唐納修，
他賦予頑石詩的意境，
也紀念我愛好群山的叔叔，彼得．歐唐納修。
還有我的阿姨，布麗姬
紀念約翰、威利、瑪莉和艾莉．歐唐納修，
他們移民到美國，現在靈魂在此處安息。

關於約翰・歐唐納修

約翰・歐唐納修於一九五六年出生在愛爾蘭克萊爾郡布倫地區的農場家中，這是一個講蓋爾語的土著家庭，歐唐納修家族幾代人都居住在這裡。

作為四個孩子中的老大，約翰學會了與父母、叔叔一起工作，也因此與野生土地、景觀建立了密切的親緣關係，農場周圍是石灰岩山谷和戈爾韋灣水域的迷人空靈景色。這個山谷是約翰靈魂的外殼，而且與塑造他的元素建立了深厚且強大的聯繫。

約翰在當地小學接受教育，年輕時，他的學習在照料牲畜、種植莊稼和雕刻泥炭作為燃料的農活間交替進行著。

對於童年時家庭所帶來的深遠影響，他後來作了如下描述：「一個巨大的狂野邀請，可以擴展你的想像力……這是陸地和海洋之間的古老對話。」

十八歲時，約翰進入了梅努斯的愛爾蘭大學（National University of Ireland, Maynooth）學習英國文學、哲學和神學。在大學的成長歲月裡，他回憶起自己的「心靈覺醒——一種令人興奮、恐懼和孤獨的經歷」，並開始以詩的形式寫作。

他於一九八二年被授立為神職人員，並於同年完成碩士學位。一九八六年，他開始在德國圖賓根大學（University of Tübingen）攻讀博士學位，並於一九九〇年獲得哲學神學博士學位。

約翰寫了一篇關於德國哲學家黑格爾的煽動性論文，後來自我評論道：「黑格爾給我的印象是，他以最不尋常的角度觀察地球，並設法瞥見一切事物所嚮往的圓。他堅持絕對真實的東西，同時鼓勵這種豐富的想像力，讓你看到二元性及其衝突實際上是如何相互纏繞在一起的。」

他對自我的洞察是一個意識、記憶和精神的展開之旅，調和了我們作為個體和人與人之間關係衝突的人類存在。著名雜誌《形而上學評論》（*Review of Metaphysics*）讚揚了他的論文，「……用更豐富、更深刻的人格概念，開創了我們關於意識的思考新天地。」

經過嚴格的學術研究訓練，約翰於一九九〇年返回愛爾蘭，繼續擔任牧師職務。他開始認識到凱爾特人意識和黑格爾思想節奏之間的非二元論親和力。事實證明，他跨越了自己的本土民間世界，以及作為二十世紀思想主要締造者的日爾曼文化，並具有豐富的創造力。

在這些年裡，約翰還開始研究十四世紀德國神祕主義，並進行對哲學家艾克哈特（Meister Eckhart）的博士後研究論文。艾克哈特的思想對約翰產生了主要且深遠的影響，為約翰的自我探索，提供了進一步的邀請和陪伴。

約翰在這一時期的研究和反思中所創作的作品，以深刻而批判性的同情心，照亮了我們與生俱來的人類渴望——歸屬於神祕居所的物質和靈性景觀。一九九七年，《靈魂的朋友》出版，立即成為國際暢銷書，並將約翰推上了世界舞臺。《永恒的回聲：探索我們歸屬的渴望》，接著在一九九八年出版。

二〇〇〇年，約翰從公共祭司部退休，住在康奈馬拉的一處偏遠小屋裡。他全心全意地投入寫作和生活，四處去發表演講，宣導社會正義，同時激勵社會中的權貴進行有意義的變革。隨後，約翰以國際知名、有天賦的演講者身分，以及研討會負責人和組織顧問的聲譽，將他帶到了世界各地的廣大觀眾面前。

二〇〇一年他出版了一本詩集《科納馬拉藍調》，二〇〇四年出版了《神聖之美：無形的擁抱》。二〇〇七年，就在約翰突然意外去世的前兩個月，《班尼迪克特》（歐洲）與《祝福我們之間的空間》（美國）出版了。

最初於一九九四年出版的《記憶的回聲》於二〇〇九年重新出版，隨後於二〇一〇年出版了《四要素：對自然的反思》。二〇一五年，愛爾蘭出版了約翰接受英國皇家廣播電臺（RTÉRadio）約翰·奎因（John Quinn）的採訪集《漫步在神奇的牧場》，與之相對應的《行走在奇蹟中：現代世界的永恒智慧》，則在美國與英國上市。

約翰的遺產將我們對親密關係的探索，引向了關鍵的門檻：傳統與現代、過去與未來、生與死、有形與無形的世界。其覺醒信仰的核心有一個前提，即古代智慧可以為我們現代世界經歷的精神饑餓提供急需的營養。

約翰．歐唐納修被國際讀者所懷念，其思想理念亦被肯定，因為他能夠將批判性的分析思維與富有想像力的召喚相結合，使人們可以從熟悉和重複的虛假庇護所中解放出來，成為改變和革新的推動者。

序文推薦

這是一本特別值得品嚐的心靈書籍。

當你擁有過力量與財富，擁有世界給你的一切，但你對自己的生命卻有著失望和獨特的內在憧憬，而你說不上來那到底是什麼？你可能極度渴望被愛，已經在自身之外的孤單中追尋了許多年，過程中總感覺就快要到達，卻又像少了點什麼？你不願意妥協，不想逗留在自滿和抱負未完全實現的低窪裡，你想為心中的永恆和圓滿而努力不懈。因為某種傷痛，你的心門被關上了，然後你無力打開它去接受愛，可是，當內在的聲音向你敲門時，你會聽見不一樣的聲音，在內心盤旋著。這個時候，凱爾特的靈性歸屬感，其中所蘊含的色彩與自然力，也許正適合陪伴你走上這條靈魂進化的心靈之路。

在英國的時候，我就已經著迷於凱爾特文化及圖騰，這影響了後來我創作開啟靈魂點的能量飾品和心靈淨化符號的傳訊教授。多年後的我，持續陪伴著許多靈魂朋友們，走在認識靈魂本質的路上。此刻，我正在雲南大理，關閉了所有的人性通道，獨自一人只專心見天見地見山見水。正是這個關鍵時刻，我收到了這本書的邀請。

分享其中一段很美妙的訊息：

當這條心靈道路開通後，你可以對這個世界和其他生命極其慷慨。有時候對外慷慨是很容易的，不斷的付出，付出，再付出，但對自己卻不大方。如果你沒學會照顧自己，你的靈魂就會失去平衡，你需要對自己慷慨大方，才有能力接受圍繞在你身旁的愛。

愛是靈魂的本質，存在中的各種朋友是靈魂的養分。願你在閱讀本書時，允許自己去愛和被愛，你就會愈發站在永恆的山頭上，體悟到將恐懼轉化為勇氣，將空虛變成充實，將疏離變成熟悉。祝福你，我靈魂的朋友們！

上官昭儀／靈性智慧領袖教育系統創辦人

嘿，各位讀者，非常開心可以向大家介紹一本近期最能引起我靈魂共鳴的作品《靈魂的朋友》，因為將它從頭到尾閱讀完後，心裡只有一種感覺：「這到底是什麼好東西！」

《靈魂的朋友》英文原名是 Anam Cara，該文字語言傳承自愛爾蘭，是凱爾特傳統特別存有的一種概念。

作者約翰．歐唐納修雖然是透過古老的凱爾特文化與大眾開始連結，然而如果你能將書中一篇又一篇的絕妙章節翻開閱讀，就會發現，原來凱爾特文化的觀點真理，就遍藏於萬事萬物中。

舉凡書中篇章所涵蓋的領域，像是現代人十分在意的「人際關係」，由「感官知覺」所連結的「自我面向」，日常生活中不可或缺的「工作」，以及伴隨人生所不可避免終要面對的「生老病死」，一篇又一篇的文字，就像海浪般一波又一波地衝擊著我！

在閱讀的當下，就彷彿召喚自身靈魂與書中的世界交相融合，並能夠透過自身意念重新建構此書，這正是書中所提及，靈魂在物質與非物質之間的流動平衡。

雖然文字在尚未組成前，原本一切看似遙遠又事不干己，但品味此書後，自身靈魂又變得那麼直面而難以逃避，生命中許多的距離和關係模式，也因為這層挪動而開始鬆動與流轉。

希望大家可以透過此書，在這無形的領域中，讓思想成長，讓感覺札根，你內在的眼睛會慢慢睜開看見，原來一切本來就存在。

安一心／華人網路心靈電台共同創辦人

約翰・歐唐納休以精采絕倫的文字，邀請你的靈魂與森林、陸地、海洋、宇宙展開古老的深刻對話與探索，自擁有生命、意識初醒到追尋至今，人所能感知與無法感知的那些覺受，都會在這本書中甦醒與解鎖。

林許文二／柿子文化總編輯

當這個世界都在尋求真理的療癒，凱爾特文化中對關係二字提供了精準睿智的高尚智慧，成為靈性啟航旅途中高舉的火炬。樂為推薦！

謝明杰／《老神再在》作者

具名推薦

AKASH 阿喀許／心靈導師、靈氣師父

田定豐／作家、安眠書店主持人

周介偉／光中心創辦人

彭芷雯／心靈作家

前言

人活在世上是很奇妙的事情，因為身旁總是會充滿神祕之事。在你的形象背後，在你的話語之下，在你的思想之上，另一個世界在寂靜中等待著。你的內在有一個世界，而你無法從別人那兒探知這個內在世界的消息。

我們開口，將聲音從靈魂之下的山中傳出來，這些聲音就是話語，於是世界便充滿了話語。任何時候總有人在講話，大聲的、悄悄的、在房間、在街上、在電視裡、在廣播裡、在紙上、在書裡……這些嘈雜的說話聲形成了我們眼前的世界，我們聽取別人的聲音組成模式、預言、祝禱和侮慢。每一天，這個世界就這樣被我們的語言凝聚在一起。

我們把話說出來，表示自己具有不間斷的創造力，每個人都是藝術家，每個人都能用聲音劃破寂靜，將無形的事物描繪得有聲有色。

人類是這個世界的新客，在我們頭上有無限延伸的銀河，腳下是古老的土地，我們正是從腳下的泥土中被優美地塑造出來。即使是最小的石頭，也比我們老上好幾百萬年。寂靜的宇宙，一直在你的思想中尋找回音。

未知的世界渴望迴響，話語則是維繫你思想的內窺鏡。當你凝視著這些鏡子，試著領略一絲意義時，或可找到幾許歸屬感和庇佑，但在它們光亮的表面背後，卻是黑暗與寂靜。話語就像雙面神亞努斯（Janus），一面向前，一面向後。

如果我們迷戀外在的世界，就會被自己困住，進而變得飢渴，而且沒有誰、任何人或行為可以止住這種飢渴。若要健全，我們一定要對自己脆弱的複雜性保持真誠；而為了維持平衡，我們要將內在與外在、有形與無形、已知與未知、短暫與永恆、古老與新穎連繫在一起。除了你，沒有人可以承擔這樣的任務，你就是內在世界的唯一入口，這種整體性是神聖的，神聖即自然，一旦遇到有助於你內在平衡，你要待之如友人。

從這種原始和必然的意義上來說，在形象和娛樂的表象背後，每一個人都是藝術家。緣此，我們每個人都很幸運地注定是內心藝術家，擁有一個獨特的世界，並且是由我們自己來塑造它。

人類的存在是創造和騷動的象徵，是一種可見的神蹟和無形的恩典，而且沒有其他地方有這麼熟悉又令人恐懼的管道，可以通往奧祕之境。友誼便是讓我們在這場冒險中任意接觸、認識和棲息的美麗恩典。

本書想做為一個內窺鏡，**你也許能從這面鏡子中領略內在和外在友誼的存在與力量。**友誼是一種創造和顛覆性的力量，它主張，親密是生命和宇宙的祕密法則。人類旅程就是不斷變化的過程，假如能運用友誼，我們便能慢慢接近未知、不明、負面和威脅事件，且變得密切，進而窺得它們的真實面貌。身為一名藝術家，人在這種被揭露的真相中，永遠是積極的。想像力是未知的好夥伴，它永無止境地誘發和釋放可能的力量。那麼，友誼就不會被削弱成一種專屬的或感情用事的關係，它遠遠不只是一種龐大和強烈的力量。

凱爾特思想並不散漫，但也沒有系統。在感情豐富的思潮中，凱爾特呈現出生命和經驗的崇高性，其思想並未受到二元論的煩擾，所以不會將相屬的彼此分開。**凱爾特的想像力闡明了將自然、神性、彼岸和人世合而為一的內在友誼。**將有形與無形、時間與永恆、人類與神性分開的二元論，對他們而言是完全陌生的，他們對實質友誼的觀點，創造出一個在結構上充滿相異、矛盾、象徵和想像的經驗世界。對於二元論世界中極為酸楚和苦惱的分離而言，這種富於想像與和諧的友誼，是凱爾特的贈禮。

凱爾特對友誼的理解，在「靈魂朋友」這個崇高的概念上，找到了它的靈感和結果。「靈魂朋友」是你可以對他洩漏生命中所隱藏的祕密的人，這種友誼就是認同和歸屬感的結果。一旦你有了靈魂朋友，你的友誼會超越所有的習俗和範疇。從前，你和你的靈魂朋友便是以古老且永恆的方式結合在一起，把這個當成靈感，**我們會在第一章裡探討這種人與人之間的友誼**。這裡的核心是兩個朋友彼此之間古老歸屬感的認識和甦醒，由於人心的誕生是進行中的過程，所以愛是我們內在和彼此之間創造力的持續誕生。在這個單元中，我們會探討對上天的憧憬和做為歸屬之所的靈魂。

在第二章，我們會概述身體和友誼的精神性。身體是你在塵世間的歸宿，你在宇宙中唯一的歸宿。身體歸屬在靈魂之中，這樣的認知，賦予了身體神聖且神祕的莊嚴性。因此我們知道，感官是上天賜予的門檻，感官的精神性就是變化的精神性。

第三章我們會探討內在友誼的藝術。當你停止害怕孤獨時，新的創造力便會自你的內在甦醒，你所忘記或忽略的內在財富，便開始顯露。由此，你將回歸自我，學會休養生息。同時也能明白思想是我們的內在感官，充滿著沉默與孤獨，能道出內在世界的神祕。

第四章我們要思考「工作是富有詩意的成長」。讓無形的飢渴變為有形，用我們的行動將它表現出來，這便是對「做」的內在渴望。當我們的內在生活可能與「做」的外在世界相互交流時，新的想像力便甦醒了，並且將發生重大的改變。

第五章我們要思考的是生命豐收時——也就是年老——的友誼。我們將探索我們的記憶，逝去的日子悄悄聚在這裡，我們會知道，熱情激昂的心永遠不老。

第六章要探索我們和原始及最終伴侶——也就是死亡——的友誼。我們要探討的是，將死亡當做無形的伴侶，它從我們一出生便跟隨我們走在人生的道路上。死亡是宇宙中的一大創傷，是所有恐懼和消極的根源。然而，和死亡為友，我們才會懂得讚揚靈魂的永恆，而那是死亡無法觸及之處。

凱爾特的想像力很喜歡週期循環的概念，它認定經驗、自然和上天的節奏都遵守著某種循環模式，所以這本書的結構也是遵守著一種循環的節奏。它從認識友誼療法開始，緊接著以探索感官來啟發想像力。這為獨處的正面評價打下了基礎，然後說明獨處如何在「做」與行動的外在世界裡發揮作用。當我們的外在能量漸漸衰弱時，我們必須面對老化和死亡的課題，而本書的結構隨著生命的週期，在它接近死亡時，試圖闡明它所提出的富含深意的邀約。

這幾章圍繞著隱藏且沉默的第七章打轉，它欣然接納那些在人類心中古老而不可名狀之事。這種情況無法言喻、難以形容，事實上，本書試圖以抒發情感的思考方式，來闡明友誼的現象。它從凱爾特精神的含蓄和抒情的哲學裡得到啟發。然而，它不是凱爾特資料的逐一分析，而是試圖做一個更廣闊的省思、一個和凱爾特想像力的內在對話，盡力將主題放在凱爾特含蓄的哲學和友誼的精神上。

目錄 CONTENTS

5 年老：內在豐收之美——223

1 友誼的奧祕

博大的光明

假如你曾經在破曉前出門，便會注意到，夜晚最黑暗的時刻就在黎明即將來臨之前，那深沉的暗夜，更似虛無。如果你曾來過世上，卻從不知白日為何，便不可能想像黎明如何劃破黑夜，以及新的一天裡神祕和色彩是如何到來的。

光明極其博大，同時也很和善，你若留心黎明的來臨，便會知曉光明是如何誘退黑暗。光明的手指緩緩地出現在地平線上，才剛顯露出來，就靈巧地將黑夜之幕拉開。靜靜呈現在面前的是神祕而嶄新的黎明，這是新的一天。

文學家艾默森（Emerson）曾經說過：「沒有人料想過白日是神。」現代文明最悲哀的事情之一是，我們與自然的原始起點已經失去了聯繫，現代生活的都市化，疏離了我們與大地之母的親密關係。

當我們從泥土中被創造出來，我們就是肉體形式的靈魂。

我們需要和肉體內在的聲音和渴望保持一致的節奏，但是在現代的世界上，這種聲音不再能被聽見。我們甚至沒意識到自己的迷失，以及在精神上被放逐的痛苦，而在多半難以理解的情況下，這種迷失往往更強烈。

夜晚是休息的時刻，樹木、群山、田野和眾生從形體的籠牢和曝露的負荷中被釋放出來。在夜幕的庇護下，萬物悄悄回歸到它的本質。黑夜是古老的子宮，夜晚時分便是孕育的時刻，我們的靈魂此刻溜出來玩，而黑夜寬恕一切，身分和觀念的鬥爭此時徹底消散。

夜晚是我們休息的時候；黎明是煥然一新的時刻，是可能性和承諾的時刻。

自然的所有元素——石頭、田野、河川和動物——在黎明的嶄新光明下，都在剎那間煥然一新。就像黑夜帶來休息和解放一樣，黎明也帶來覺醒和復甦。在庸碌和迷惘中，我們忘記了在奇妙的宇宙裡活著的殊榮。每一天，黎明都會揭開這個宇宙的神祕面紗。**黎明最讓人驚奇，它喚醒我們去注意自然中無限的「有」。**

宇宙讓萬物穿上極其微妙的色彩，這取自於威廉・布萊克（William Blake）的文字：「色彩是光明的傷口。色彩引出了自然核心深處的祕密。」

凱爾特圈的歸屬感

你會發現，色彩、力量和自然的強度貫穿在所有的凱爾特詩文裡，在它的描繪下，風、花朵和岸邊的碎浪是多麼的美麗。

凱爾特在精神上崇敬月亮，也崇尚太陽的生命力，許多古老的凱爾特神祇，都與富饒和歸屬感的源頭有著密切關係。由於凱爾特是一個自然的民族，自然的世界是一種存在、也是伴隨的現象。自然滋養了凱爾特人，自然給予他們最深的歸屬感和親和力，這種溫暖、奇妙與歸屬感，瀰漫在凱爾特關於自然的詩裡。

凱爾特祈禱文最古老的其中一首叫做《聖派翠克的護心鎧甲》（St. Patrick's Breastplate），又稱《鹿鳴頌》（The Deer's Cry），其中並未把主體性和元素拆開。

的確，正是元素的力量賦予並提高了主體性：

今天我站在這裡

是憑藉著上天的力量，太陽的光芒，
月亮的光輝，
火焰的壯麗，
雷霆的迅捷，
風的疾行，
海的深邃，
大地的安穩，
和岩石的堅固。

凱爾特的世界充滿了即時性和歸屬感，其思想崇敬光明，這是凱爾特精神在時代裡以新星群之姿浮現的原因之一。我們在自己極度的透明度中迷失、孤單，亟需要一盞又新又柔和的明燈，讓靈魂得到庇護，揭露它古老的歸宿；我們需要一盞保留住靈魂與黑暗之親暱關係的明燈，因為我們是黑暗和光明的兒女。

我們一直在由黑暗通往光明的旅程中。

剛開始，我們是黑暗的孩子，在母親子宮的熟悉黑暗中，你的身體和臉最先成形，而你的出生是從黑暗到光明的第一次旅程。

在你的一生裡，心智都活在體內的黑暗中，你所擁有的每個想法，都是光芒一閃的瞬間，那是來自內在黑暗中的火花。想法的神奇之處，就在於它出現於靈魂夜晚的那一面，也就是想法的光輝產生於黑暗之中。

每一天都是一個嶄新的旅程，我們從黑夜進入白天，所有的創造力都在這個原始的起點上甦醒，在此處，光明和黑暗彼此考驗和祝福。唯有當你學會信任這個古老的節奏時，才能找到生命中的平衡點。每一年，也是有著相同節奏的旅程。凱爾特人對我們旅程的循環本質有著深刻的感覺，從黑暗的冬季，進入充滿可能性和活力的春天。

歸根究柢，光明是生命之母，沒有光明，就不可能有生命。如果太陽要棄絕大地，那麼，如我們所知，所有的人類、動物和植物都會消失，冰雪會再度凍結大地。

光明是上天的精靈密使，它維繫著生命；光明是滋養的精靈，喚起自然中的溫暖和色彩。

靈魂在光明中甦醒和生存，它幫助我們窺見內心深處的莊嚴。一旦人類開始尋找生命的意義，光明就變成表達出生命的永恆和深度最強力的象徵之一。

在西方和凱爾特的傳統中，思想常被比喻成光明，在它的光芒下，才智被視為我們內在的神性。當人類心智開始思考生命中第二大奧祕時——也就是愛的奧祕——光明也因為其力量和性質而總被用來當成一種象徵。

當愛在你生命中、心中的黑夜甦醒時，它就像你內心破曉的黎明。從前只有無知，現在則是熟悉；從前只有恐懼，如今你有勇氣；從前你的生活裡只有窘境，如今則充滿了優美的旋律；從前你不修邊幅，如今你優雅又從容。

當愛在你生命中甦醒時，它就像重生一般，是個新的開始。

人心從未完全誕生

雖然人的肉體在某一刻便完全出生，但人心的完整誕生是一直在進行的過程，它在你生命的每個經驗中新生。發生在你身上的每件事情，都有可能強化你的深度，促使你的內在誕生出心的新領域。

愛爾蘭詩人派屈克・卡范納（Patrick Kavanagh）貼切地描述了慶賀事情發生的感覺：「讚頌，讚頌，讚頌事情的發生和它的本質。」

在基督教的傳統裡，最美的聖禮之一就是洗禮，包括在嬰孩心口塗油的特殊儀式。洗禮源自於猶太教傳統，對猶太人而言，心是所有情感的中點。把油塗在維繫嬰兒健康的主要器官心臟之上，因為它也是嬰兒所有感覺的溫床。

祈禱文祈求新生兒永遠不會困於或糾纏在影響自己的負面情況，以及怨憤、破壞的錯誤內在情境裡。祝禱文也祈求孩子一生情感平順，他／她的情感可以自由流洩，將他／她的靈魂帶到外面的世界，獲取世上的歡樂與和平。

相較於宇宙的無限性和大自然無語的深邃，人類臉上散發的光彩象徵著熟悉。就是在這種人類生存的象徵裡，創造物中的神性最接近它自己。人類的臉是創造物的象徵，每個人也都擁有一張內在的臉，它有感覺，但沒人看得到它。

心即是你生命中內在的臉，人類的旅程努力讓這張內在的臉變漂亮。就是在這樣的過程中，愛在你心中慢慢地聚積起來。

對人類生命來說，愛有絕對的重要性，因為光憑愛，就能喚醒你內在盡善盡美的神性，讓你在愛裡成長，回到自己歸屬的地方。當你學會愛和被愛，就像回到家一樣，回到你心靈中最溫暖的地方，你會得到溫暖和庇護，完全回到你所渴望和歸屬的家裡。

在關愛對方的行為中所未料到的好處，是成長和回家的感覺。愛始於關注他人，再加上忘我無私的高尚行為，這就是我們成長的環境。

靈魂一旦甦醒後便會開始追尋，而且絕不可能回頭。從那時起，獨特的憧憬就燃燒著你，絕不再讓你逗留在自滿和抱負未完全實現的低窪裡。

你為了永恆而不懈怠，不願意妥協，否則危險會威脅你，阻止你努力達到自我實現的巔峰。當這條心靈道路開通後，你可以對這個世界和其他生命極其慷慨。**有時候對外慷慨是很容易的，不斷的付出、付出、再付出，但對自己卻不大方。如果你沒學會照顧自己，你的靈魂會失去平衡。你需要對自己慷慨大方，才有能力接受圍繞在你身旁的愛。**

你可能極度渴望被愛，你可能在自身之外那些孤單的地方追尋了許多年，但其實一直以來，這種愛近在咫尺，它就在你靈魂的邊緣，只不過你無視於它的存在。

因為某種傷痛，你內心的門砰地關上了，然後你無力打開它去接受愛。你需要多留心才能獲得，諾貝爾文學獎得主鮑里斯・巴斯特納克（Boris Pasternak）說：「當生命中重要的那一刻向你敲門，聲音往往就和心跳聲一樣大，很容易錯過。」

世人愛好力量和財富，這是詭異且諷刺的事。在這個世界上你可能非常成功，受人稱讚、擁有無窮的財富、美好的家庭、事業有成，幾乎擁有一切，但在光鮮亮麗的背後，你可能感到徹底的迷失和痛苦。

如果你擁有世界所能給你的一切，但沒有愛，那麼你就是窮人中最窮、最苦的人。每個人的心裡都渴望愛，如果你心裡沒有愛的溫暖，就不可能有真正的歡慶和快樂。

無論你多麼努力、能幹、自信或受人尊重，無論你或別人是怎麼看待你自己的，你深切渴望的一件事就是愛。

無論我們在哪裡，無論我們是誰、是什麼職業、或正在進行什麼樣的旅程，我們都需要愛。

在《倫理學》裡，亞里斯多德用了好幾章的篇幅去探討友誼。他認為友誼的基礎在於善與美的概念，朋友是為了對方好的人。

亞里斯多德深知，在友誼的發現和活動中，內在是如何從複雜的個體性裡被反映出來和實現的：「我們對朋友的感覺，反映出我們對自己的感覺。」

他承認，培養出真正的友誼需要耐心：「許下友誼的心願進行得很迅速，但友誼不是。」

友誼是令我們生命溫暖和甜蜜的恩典：「沒有人會選擇沒有朋友的生活，即使他已擁有其他一切東西。」

愛是靈魂的本質

靈魂需要愛的迫切程度，就像身體需要空氣一樣，在愛的溫情中，靈魂才能盡情展現自我。人類命運的所有可能性，都在靈魂中沉睡著，當愛走進你的生命裡，你命運中未被察覺的重要特性才會甦醒、綻放和成長。

可能性是時間的祕密核心，從表面上看來，時間因短暫而脆弱，每一天，無論它多可悲或多美麗，最後都會消失無蹤，但在時間深層的核心裡，它是光芒四射的。

時間留心可能性，不遺漏或遺忘任何事物。表面上看似隨著時間消逝的東西，實際上都被轉換到且根植於記憶中。可能性是創造力的祕密核心，德國哲學家馬丁・海德格（Martin Heidegger）說過關於「本體論之優先性」的可能性。

在存在的最深層，可能性既是根源，也是歷經變化的終點，我們稱之為事件或事實。這個寧靜、奧祕的永恆世界，就是靈魂。

愛是靈魂的本質，當我們去愛和允許自己被愛時，就愈發地盤據在永恆的領域上。恐懼轉化

為勇氣，空虛變成充實，疏離變成熟悉。靈魂朋友的體驗，開啟了一個不因分離或距離而受創或受限的友誼。即使兩個朋友相隔遙遠，這種友誼依然活絡，因為他們打破了個人與自我的藩籬，進入到靈魂層級，他們靈魂的和睦融洽是不能被輕易破壞的。

當靈魂甦醒時，物質空間就產生變化了。即使分隔兩地，兩個朋友仍然可以彼此協調，持續地感覺到彼此生機的流動。

有了靈魂朋友，你便能喚醒永恆，而且在這個靈魂空間裡，彼此之間沒有距離。這一點在電影《芭比的盛宴》裡得到完美的詮譯：宴席間，一位老兵和他自年輕時便愛著但無法共結連理的女士說，即使從那時起他再也沒見過她，她卻一直在他身旁。

愛是我們最深層的本質，我們每個人都在有意或無意間追尋愛，但我們常常選擇用錯誤的方式去滿足那存在於深處的渴望。

我們過度專注於工作、成就或心靈探索，可能讓我們離愛愈來愈遠。在靈魂的運作中，我們假性的迫切感可能徹底誤導了我們。我們不需要向外尋找愛，反之，我們應該靜如止水，讓愛來找到我們。

《聖經》裡有最多關於愛的優美詞藻，《保羅致哥林多人前書》是最完美的代表作，他寫道：

「愛是有耐心又仁慈，愛是不自誇、不張狂，愛是不粗魯、不自私、不輕易發怒、不怨忿……愛是對凡事包容、信任、期盼、忍耐。」

此外，《聖經》也說過：「完美的愛能除去懼怕。」

虛無的陰影

浩瀚的宇宙看似險惡，未曾關注過我們，所以我們需要愛的存在與庇護，來改變自身的孤單寂寞，這種普遍性的孤寂是所有內心孤寂的根源。我們的一生，所做、所想、所感覺的一切，都被虛無包圍著，很容易變得害怕。

十四世紀的神祕主義者艾克哈特大師說，人類的一生都活在虛無的陰影之下。然而，愛是靈魂的良伴，愛是靈魂最深處的語言和存在。在愛的溫暖和創造力之中，靈魂庇護我們免於虛無的陰鬱。

我們無法用物質、財產或人來填滿我們的空虛。我們必須更深入空虛，在虛無之下找到等待溫暖我們的愛之火焰。

沒有人能像你所愛的人傷你那麼深。當你允許另一個人進入你的生命時，你就不是無懈可擊的，即使經過多年的相處，你的情愛和信任感仍可能遭受挫折。生命是極不可預測的，人的改變往往相當劇烈且突然，痛苦與怨恨迅速取代了歸屬感和情愛。

每個友誼都有經歷黑暗和絕望的時候，它考驗著情感的每個層面。你失去了吸引力和魔力，你們彼此的感覺很不愉快，你活得很痛苦。如果你能夠熬過這種艱難的時刻，它便能淨化你的愛，謊言和困窘會消失，而它會將你引領到一個新的基礎上，使情感再度滋長。

友誼有時候會產生變化，兩個夥伴可能將共同的錯誤歸咎於彼此。當你們只著眼於彼此的缺點時，就好似創造了一個鬼魅，一口一口吞噬掉你們的情感。然後，你們的內心被掠劫一空，你們變得無助，並不斷唸叨彼此。在這種情況下，你們需要衷心的祈禱、提高警覺和關心，才能重新引導你們的靈魂。

愛可能深深傷害了我們，我們需要悉心呵護，因為虛無的利刃會深深割傷我們。對方想去愛，想付出自我，但是他們沒有精力。他們心裡帶著過去關係的感情包袱，為了確定得到認同而執迷不悟地一再受傷。

認識到友誼是一種贈禮，才會願意給予他人依靠。

當你願意去愛的時候，你的人生便對他人敞開大門，以示歡迎。

你撤掉了所有的藩籬，於是你的保護距離消失，這個人獲得絕對的許可，得以進入你心靈的最深處。你的存在和人生，可能成為這個人的依靠。

允許別人親近需要很大的勇氣，因為身體活在於靈魂之中，所以當你允許別人這麼親近時，你便是允許那人成為你的一部分。

在真愛的神聖親密關係中，兩個靈魂是相依相生的，你們充實了彼此的內在。

靈魂朋友

在凱爾特的傳統中，人們對愛和友誼有一種美好的理解。最迷人的想法之一就是靈魂之愛——古老的凱爾特語稱之為 anam ċara。anam 是凱爾特語的「靈魂」，而 ċara 是「朋友」的意思，所以 anam ċara 就是靈魂朋友。

早期的凱爾特教堂把導師、伴侶或心靈指導者稱為靈魂朋友，它的意思原本是指那位你告解的對象，那個讓你傾訴私下祕密的人。有了靈魂朋友，你才能分享內心深處的自我，也就是你的思想和心靈。這種友誼是一種認同和歸屬感。當你擁有靈魂朋友時，你們的友誼是會影響到所有習俗、道德和範疇，你和你的靈魂朋友會以一種古老而永恆的方式結合在一起。

凱爾特的觀念並未讓靈魂受到空間或時間的限制，靈魂是不受束縛的，靈魂是來自天堂的光芒，流進你和你另一半的內心。

這種歸屬的情感甦醒了，孕育出既深厚又獨特的伴侶關係，古神學家約翰・卡西安（John Cassian）在其著作《會談錄》中說明了朋友之間的連結是牢不可破的：「我說，這是不可能被破壞的，沒有任何時間或空間能夠分離或破壞它，即便是死亡也不能夠將其分開。」

每一個人在生命裡都很需要靈魂朋友，在這種愛裡，對方所了解的是卸下面具或偽裝的你。表面和蓄意的謊言與社交性的片面事實統統退散，你可以做真實的自己。

愛能萌生了解，而了解是彌足珍貴的。**當你被人了解，就能得到家的溫暖。了解能培養歸屬感，當你真的覺得被了解時，才會自在地讓自己進入對方靈魂的信任和保護之中。**

諾貝爾文學獎得主智利詩人巴勃羅．聶魯達（Pablo Neruda）曾用美麗的詩句描繪這種認知：「**你不像任何人，因為我愛你。**」這種愛的藝術顯露出另一半獨特而神聖的身分。

愛是唯一能夠真正看懂另一半個體性和靈魂密碼的明燈，愛是原始世界裡的文明，它能夠破解身分和命運的密碼。

正是透過喚醒和探索這個富庶且暗淡的內心世界，靈魂朋友的體驗才得以闡明上天的神祕和仁慈。靈魂朋友是神的贈禮，友誼是神的本質。

基督教的三位一體神學論，是對他者和親密關係——友誼的永恆交流——最精闢的表達。這個觀點揭示了我們長久憧憬之事的完滿實現——從耶穌的話中可以看到，祂說，瞧，我稱呼你們為朋友。

耶穌是上帝的兒子，是宇宙間第一個他者，祂化解所有的分歧，是每個人私底下的靈魂朋友。在與祂的友誼裡，我們進入了三位一體的溫和優美和情感中。只有欣然接受這個永恆的友誼，我們才敢奔向自由，在凱爾特的精神裡，融貫著美好的三位一體中心思想，這一點可見於以下短短的祈禱詞裡：

神聖的天主聖三
是我的保壘
圍繞著我
請降臨，並且長駐
我家四周。

愛並非感情用事，事實上，它是人類存在最真實和具創造力的形式。愛是一個起點，是上天和人類心靈在跌宕起伏間彼此交流之處。

所有的存在都仰賴於意識，只要有所體悟，就有對存在的崇敬。如果意識是遲鈍、模糊或盲目的，存在就會漸漸變得微弱，然後消失。因此，體悟是你能為友誼帶來最棒的禮物之一。

許多人都有他們無法真正體悟到的靈魂朋友；他們由於缺乏體悟力而未能發現朋友的存在，

並且導致疏離感和不存在感。可悲的是，喚醒存在的往往是失落，但到那時就太晚了。明智的人會祈禱得到領悟力的恩典。經過一番覺悟之後，你也許會發現，你一直渴望和夢想的靈魂朋友就在你身旁。

凱爾特傳統認為，靈魂朋友的友誼因情感而閃耀著光輝。友誼喚醒情感，你的心靈會學習到一種新的感覺藝術，這種友誼既不理智也不抽象。在凱爾特的傳統裡，靈魂朋友不僅是一種比喻或理想，也是一種受到認同和讚賞、與靈魂相依相繫的社會行為，它改變了認同和認知的意義。當你的情感點燃時，你的理智世界便產生了前所未有的親切和憐憫感受。

靈魂朋友帶來認知上的整合與療癒，你的所見所聞和理解方式都不一樣了。剛開始，你可能覺得有點紊亂、不熟練，但是它會慢慢昇華你的感覺力，並且改變你在這個世界上的生活方式。大多數的基本主義、貪婪、暴力和壓迫，都可以追溯到觀念與情感的分離。因為長久以來，我們一直不了解觀念在感覺和情感深度上的認知豐富性。

亞里斯多德在《靈魂論》中說道：「認知是根據情感的一種形式，思維與知的關係也是如此……思維尤其像是靈魂的獨特情感。」靈魂朋友這種觀點是很崇高的，因為它允許我們進入古人的歸屬圈裡。

親密關係的神聖性

我們的文化過份地專注於關係的概念，大家總是不停地在談論各種關係，電視、電影和媒體也不斷地探討這個主題。科技和媒體並未統一這個世界，它們只是假裝提供了一個由網際網路連結起來的世界，但事實上，它們傳遞給我們的只是一個仿造的世界，因此，它們使這個人類世界更缺乏個性，也更孤單。

電腦取代了真實的相遇，心理學取代了宗教，在這樣的世界裡，難怪人們對關係會那麼著迷。但不幸的是，「關係」已經變成一個空虛的核心，我們就繞著這個核心孤獨地搜尋著我們渴望的溫暖和歸屬感。

跟親密相關的社會用語大多是空洞的，反覆不斷地強調，只是洩漏了完全不親密的事實。真正的親密是一種神聖的體驗，燈紅酒綠文化裡那些不虔敬的眼睛，絕對看不出它暗藏的信任和歸屬感。真正的親密是屬於靈魂層級的，而靈魂是含蓄緘默的。

《聖經》說，活生生的人是看不見神的，套用相同的模式來說，活生生的人是看不見自己的。

你所能達到的成就，就是你靈魂的感覺。你看不到它一絲的光芒、色彩和輪廓，你感受到其可能性的激勵，並且驚異於它的神祕。在凱爾特傳統中，尤其是在凱爾特語言裡，接近另一個人這種事情應該要具體表達，它含有一種很精妙的神聖意義。

凱爾特語言裡沒有「哈囉」一詞，你和某人打招呼的方式是透過彼此相互祝福。你說，願上帝與你同在；對方回應，願上帝與聖母與你同在。當你離開時，你說，願上帝助你或願上帝佑你。**打招呼的儀式始於祝福，也終於祝福。**在凱爾特人的對話中往往可以看出，他們很明確的表明天意呈現在他人身上。

這種呈現也具體表現在古老的諺語中，例如「陌生人的手便是上帝之手」。**陌生人並非偶然出現的，他的出現帶來了特別的禮物和啟示。**

親近的奧祕

這麼多年來我一直想寫一個短篇故事，內容是在一個世界裡，你在生命的過程中只會親近一個人。

當然，為了描繪出這個想像的世界，必須從這個假設裡減去生物方面的考量。在另一個人出現之前，你必須一直保持沉默，然後才會開始親近。在你生命的過程中，你也許只會親近一、兩個人，如果你仔細地檢視你的人生，在相識的人與朋友之間做出區隔，你會發現這個想法在現實中是更擴大的。

友誼是一種更深入、更神聖的關係，莎士比亞是這麼說的：「你應該用鋼圈把相知有素的朋友箍在你的靈魂上。」所以，朋友是份外珍貴的。朋友是你所喜愛的人，他喚醒你的人生，你內在原始的可能性才得以釋放。

愛爾蘭的土地上有許多廢墟，但廢墟並非空虛，它們是充滿許多精靈的聖地。

我有一個朋友是康尼馬拉地區的牧師，他想在他的教堂外蓋一座停車場，而教堂附近有一處荒廢了五、六十年的廢墟，他找到長久以來一直住在那兒的一戶人家，請他們給他一些石頭來做基石。

男主人拒絕了，牧師問為什麼，男主人說：「那我祖先的靈魂要怎麼辦？」它的寓意是，即使這個廢墟荒廢了很久，曾經住在這兒的人的靈魂，仍然對這個地方有著特別的執著和依戀。

一個人的生命和熱情在那個地方的空間裡，會留下很深的印記。所以，愛不會只待在心裡，它會流溢出來，在這片地方打造出一個祕密的居所。

迪姆爾與格蘿妮婭

在愛爾蘭到處都有叫做石棚、形狀美麗的石頭。石棚含有兩塊長而巨大的石灰岩石板，兩塊立置的石板彼此平行，上頭再放著另一塊巨大的頂石，有種遮蔽的作用。在凱爾特的傳統中，這些石棚被稱做迪姆爾與格蘿妮婭的臥榻。

在傳說裡，格蘿妮婭要嫁給菲昂為妻，他是凱爾特古戰士費奧納族的首領。但是，格蘿妮婭愛上了迪姆爾，她告訴他，如果他不和她私奔，他就會被魔法毀滅。他倆私奔後，費奧納人在愛爾蘭全面追捕他們。

然而，他們得到了動物的保護，並且獲得智者傳授避敵之策。例如，不要在任何一個地方停留兩晚以上。

據說，當他們在夜晚歇息時，迪姆爾會為他的愛人立起石棚，做為遮風蔽雨的地方。

但真實的建築證據顯示，這些石棚其實是墓地。傳說中的故事比較有趣，也更能引起迴響，它是關於無助（有時伴隨著愛情）的美好想像。

當你戀愛時，你的判斷力、理性和嚴肅的態度都不再發揮正常作用，於是高尚的形象消融了。突然間你像回到青少年般，人生燃燒著新的火焰，重拾活力。倘若沒有熱情，你的靈魂不是沉睡就是茫然，唯有當你的熱情甦醒時，靈魂才變得青春、無拘無束，又能夠舞動起來。在這個古老的凱爾特傳說裡，我們看到愛情的力量和熱情的活力。

關於這種憧憬如何改變生活最具影響力的一首詩，是哥德所說的「得到賜福的憧憬」：

除了智者，不要告訴任何人
因為會受眾人嘲諷
我要讚美充分活著
渴望展現激情，直到死亡的人。

當平靜包圍著創造了你的
愛的夜晚
在寧靜的燭光中

一種說不出的感覺悄悄地向你襲來。
你不再深陷於
陰沉的鬱悶中
你奮起、新生，你憧憬
飛向更高的創造力。

沒有距離能夠阻擋你
你像裝了一雙翅膀似的，十分飢渴地
迷戀著燈火，你
變成被火燃盡的飛蛾。

只要你不曾經歷過：
死亡即是新生，
你便依然是黑暗的土地上
一個陰鬱的過客。

這首詩道出了一顆憧憬的心所蘊含的非比尋常的心靈力量，它指出，**真正的生命力隱藏在憧憬之中。**

當你向這種憧憬讓步而去創造熱情時，你會來到改變和新生的終極起點。這種成長會引起痛苦，但這樣的痛苦是神聖的。小心翼翼地避開這些深淵，依然在平庸的亮麗外表上徘徊，才是最可悲的事情。

愛是古老的識別法

真正的友誼或愛，並不是由特意或故意的行為製造或達成的，友誼具有一種識別作用，這種比喻中的友誼，可以說是人類塵俗天性的基礎。當你找到所愛的人，一種古老的識別作用會讓你們聚在一起。你和你愛人（用來造就軀體）的泥土和在一起，就像沉寂的大自然歷經數百萬年後被劃破寂靜一樣那麼久。

經過無數個春去秋來，你們原本合而為一的泥土分開了，你們開始成為不同形狀的泥土，分別承載著不同的個性和命運，但你們並不清楚這一點，連你們自己都不知道的記憶在哀慟著失去彼此。你們的泥身在宇宙間徘徊了數千年，對彼此的渴望從未消退。

這種寓言有助於說明，兩個靈魂之間的友誼是怎麼令他們在突然間認出彼此的。有可能是在街道、派對或課堂上的相遇，或是簡單、不起眼的介紹，然後在一瞬間突然認出彼此，並且燃起了熟悉而親密的火花。

一種古老的識別方式，一種心照不宣的感覺，在你們之間甦醒。愛開啟了古老識別作用的大門，你進去了，你們終於攜手成家。

如希臘悲劇大師尤里比底斯（Euripides）所說：「友誼是兩人一心。」

在標準的傳統中，這一點在《會飲篇》裡有著精彩的描述，柏拉圖為愛的本質寫下了傳神的對話。其中，柏拉圖對一個虛構的對象指出，人類在開始的時候並不是單一的個體，每個人都擁有兩個自我，這兩個自我合而為一，然後它們開始分離，最後，你要花一生的時間來尋找你的另一個自我。

透過深奧的識別方式，你們才能找到和發現彼此。一種古老的圓環在友誼裡閉合起來，就是那種古老的東西關注著你們、庇護著你們，並且把你們聚在一起。

當兩個人相戀時，他們從被放逐的孤單中走出來，一同走進他們所歸屬的家。在婚禮上大家要了解到，使新人相遇相識的是恩賜的命運，雙方都把對方視為心之所屬、有如回家那般安心的對象。

愛絕不應該是一種負擔，因為你們之間不是只有共同生活而已。

我們需要比乏味的「關係」一詞更能引起共鳴的字眼來描述，像是「古老圓環的閉合」或「古老歸屬感的甦醒與它的自我發現」等，有助於帶出相遇的更深層意義和奧祕。在靈魂的聚首和親密交往上，這是更神聖的語言。當兩個人相愛時，他們之間還有第三種力量。

當友誼陷入困境時，有時候不停的分析或諮詢並不能療癒。你們需要改變看待對方的節奏，並且用將你們聚在一起的古老歸屬力量再度接觸。如果你召喚它的力量來到你身邊，這種古老的吸引力會把你們繫在一起。

兩個人在同一個歸屬圈裡才會真正甦醒，他們喚醒一種更古老的力量來到身邊，這種力量將他們維繫在一起，照拂著他們。

友誼需要許多滋養，人們往往把大部分的注意力放在生活、環境、工作的各方面上，他們把大部分的精力付諸於「做」。

關於這種誘惑，艾克哈特大師以精彩的文字寫道，許多人懷疑自己該在哪裡、該做什麼，但事實上他們應該更專注於如何做自己。你生命中愛的層面是你內心最溫柔的地方。一個以穩定、明確為主，且對奧祕缺乏耐心的文化，很難從虛幻的光芒中走到靈魂的燭光世界裡。

也許靈魂之光就像林布蘭氏的照明一樣——林布蘭作品中著名的黃褐色或金黃色的照明佈局方式。這種光柔柔地投射在物體的表面，讓你對物體和深度產生真實的感受。它巧妙地利用光影效果，逼真地呈現出實物的複雜程度。這種金黃色的光伴隨著自然的陰影，也是照明光的搖籃。

良善之友

傳統佛教對友誼有一種美好的概念，也就是「善友」。你的善友不會接受藉口，而會溫和堅定地面對你的盲目。沒有人可以看透自己全部的人生，因為人類眼睛的視網膜上有盲點，而且靈魂也有你無法看到的盲目的一面。因此，你必須倚賴所愛的人來幫你看見自己無法看見的東西。

你的善友以一種寬容但具批判性的方式，彌補了你的視野，這種友誼是具創造力和批判性的，它願意處理你的矛盾和創傷中的棘手與坎坷不平的地方。

人類靈魂最深處的渴望之一，便是希望被看見。在一則古神話中，納西瑟斯看到水池裡映出自己的臉，於是迷戀上它了。

遺憾的是，這個世界上沒有鏡子讓你一覽自己的靈魂。你連看見自己全部的身體都無法做到，如果你向後看，便看不到自己的前面，永遠無法看見你全部的自己。

你所愛的人，靈魂朋友，就是反映出你靈魂最真實的鏡子。真實友誼的誠實與明晰，也會呈現出你心靈的真實輪廓。在人生中能獲得這樣的呈現，實為美事一樁。

靈魂對上天產生迴響

我們有能力接受這樣的愛和歸屬感，是因為靈魂對原始的親密關係會產生迴響。在談到原始的東西時，德國人會提到 Ursprüngliche Dinge，也就是「原始事物」的意思。他們認為靈魂裡存在著一種原始的親密關係（Ur-Intimität in der Seele），這種原始的迴響在每個人的心中低語。靈魂不能創造自己，它來自天堂，那兒對於親密沒有界限或藩籬。

除非你同等地投入到學習愛你自己那美好但困難的心靈工作中，否則永遠無法愛上別人。在我們每個人的內心、靈魂裡，都有一座愛的湧泉；換句話說，你不用從你本身之外去知道愛是什麼。這不是自私，也不是自戀，自私與自戀都是在需要被愛的執著中所產生的負面心態。

相反的，這是內心之愛的泉源。過著孤單生活的人們，往往透過對愛的需求才偶然發現這偉大的湧泉，他們學會用輕聲細語去喚醒內心深處的愛之泉源。

這不是要你強迫自己去愛你自己，而是練習內斂沉潛，請求你最深處的天性——也就是愛之泉源——終其一生跟隨著你。當它發生時，你內心變得冷漠的那一部分會又開始軟化。

沒有愛，一切都會變得冷酷無情。世界上沒有什麼比變得冷漠或無情更孤單，那些人最終的挫折就是痛苦和冰冷。

如果你發現自己的心變得冷漠，你應該送給自己的禮物之一應該是內心的泉源，你應該請求這個內心湧泉釋放自我。你可以靠自己的努力來灌輸這種思想，讓滋養的水慢慢地從一個小綠洲開始，去瀰漫、滲透在你心裡堅硬冷漠的那一部分，然後你的內心會發生愛的奇蹟。從前冷酷、荒涼、貧瘠、死寂的大地，現在有了生機、色彩、富饒，而且生命從愛的美妙泉源裡湧流出來。

這是轉變我們內心負面事物最有創造力的方法，你被送到這裡學習去愛和被愛。新生的愛為你的生命所來的最大禮物，就是意識到隱藏在你內心的愛，你從此能夠獨立。

現在你能夠親近對方，不是出自於需求或由於令人厭煩的投射機制，而是出自於真誠的親密關係、吸引力和歸屬感。那是一種自由，愛應該令你自由。你不再以迫切的渴望不斷地向外在事物和人們尋求肯定、尊重和重要性。聖潔至善就是能夠回到家裡，在那個被我們稱為靈魂的歸屬地中休息。

內心深處的愛之泉源

你當然可以到遠方和荒蕪之地尋找愛，但令人欣慰的是，你知道在你內心就有一個愛的泉源。如果你相信這口湧泉就在那裡，才能請求它甦醒。以下的練習有助於培養這種能力的覺醒。當你有自己的時間和空間時，只要專注於你靈魂根基的那口泉水。

想像有一道融洽、悠閒、平靜和愉快的滋養水流，用你的視覺心相去感覺湧泉的清新流水慢慢地流貫你心中的乾旱之地。在入睡前練習，特別有助於想像。

夜晚時分，你會沉浸在富饒和融洽的清流中。當你在黎明甦醒時會發現，心靈裡洋溢著溫馨、平和的幸福感。

在一段友誼和愛情裡，你應該一直維護的珍貴事物就是你自己的差異性。在愛的圓環裡可能發生一種事：一個人想模仿另一半，或是用另一半的形象來重新定義自己。雖然這也許暗示著那個人有全心奉獻的慾望，但這也頗具破壞性和危險性。

我認識一位住在愛爾蘭西方離島的老先生，他有一種不尋常的嗜好，他喜歡蒐集新婚夫婦的照片，還會在十年後再取得同一對夫妻的照片。從第二張照片裡，他會開始證明夫妻其中一人如何變得像另一個人。

在一段關係中，常有可能存在著微妙的同質化力量，但這種力量是具破壞性的。諷刺的是，兩個人之間的差異性通常是吸引另一半的地方。所以，這種差異性需要得到維護和滋養。

愛情也是光明和滋養的力量，讓你盡情地擁有和發揮你的差異性。彼此之間不該相互模仿，不需要在另一半面前做出防禦或保護的樣子。愛應該鼓勵你、放任你發揮全部的潛力。

為了在愛情中維護你自己的差異性，你的靈魂需要擁有充分的空間。在希伯來文裡有一件很有趣的事情，「拯救」的字源同時也是「空間」的字源。

如果你出生在一座農場裡，你會了解空間很重要，尤其是當你在播種的時候。如果你種的兩株植物緊緊相依，它們最後會令對方窒息而死，那是因為成長需要空間。

黎巴嫩文人暨藝術家卡里・紀伯倫（Kahlil Gibran）說道：「**在你們的團結裡要有空間，讓天堂的風在你們之間起舞。空間讓你的另一半找到他自己的節奏和輪廓。**」愛爾蘭詩人葉慈也說：「**留一點空間讓玫瑰的氣息瀰漫著。**」

在愛情中空間能被賦予美麗的可愛之處，在於兩個人做愛時。你能為你所愛的人全力以赴，用你認知裡對方會欣然接受的方式帶給對方可能性和歡樂。由於軀體活在靈魂之中，所以軀體的四周縈繞著靈魂之光，布滿了柔和、神聖的光芒。做愛不僅僅是身體和機械性的釋放，它還牽涉了當你進入另一個人的靈魂時心靈深處的甦醒。

一個人的靈魂是最容易產生親密關係的，你在遇見一個人的身體之前，你會先遇見他的靈魂。當你遇到靈魂與身體合一的人時，你便進入了對方的世界。

如果一個人能在這場深邃和優美的邂逅中展現他的和善與尊敬，那麼做愛的歡愉和喜悅才可能極至地伸展。兩人內心深處的愛之泉源自由地湧流，在這道光芒的第三力量下他們得以從外在結合，而這道光芒就是實際上將兩個靈魂聚在一起的古老圓環。

感覺的轉變

在感官情愛的領域裡，神祕主義者是最值得信賴的，而且他們在作品中對於感性的暗示有一種美好的理論。神祕主義者從不大力否認感官知覺，相反的，他們談論的是這種感覺的轉變。他們認為愛與情欲之神厄洛斯（Eros）具備某種危險性或黑暗面，而這種危險性或黑暗面有時候佔據著主導地位。

靈魂的光芒可以改變這種趨勢，帶來和諧與均衡。神祕主義對厄洛斯這麼優美的描寫告訴了我們，厄洛斯（愛）是上天創造力的終極能量。在感官知覺的轉變中，愛慾的野性和靈魂的嬉笑結合在一起，進而創造出抒情的旋律。

現代的愛爾蘭對於厄洛斯的認同和接受度，曾經遭遇過一次複雜且痛苦的歷程。古老的愛爾蘭傳統認為，厄洛斯的力量和肉欲之愛之間有著美妙的共振。這表現於那個時代最有趣的其中一首詩裡，那便是布萊安．馬利曼的《午夜求愛》。那首詩寫於十八世紀，從女性的角度出發，具備徹底解放的女性主義觀點。

我身形豐滿，聲音洪亮如鐘，
朱唇可吻，笑露皓齒，
印堂發亮，肌膚明燦如花，
我的雙眸湛藍，秀髮濃密
如流水般盤繞在我頸間；
哪位男子想找妻子
這張容顏將與你相守一生；
玉手、臂膀、頸子和酥胸
皆勝過其他女子；
瞧這腰身！我的腿多麼修長
柔軟如柳條，輕盈又強健。

這首詩是對於情色的粗俗頌揚，並沒有道德的負面評論貫穿其中，亦未企圖將性愛劃分成純潔與不純潔。不管怎麼說，這些字眼對於凡夫俗子來說都是多餘的，因為，你怎麼可能在凡人身上找到純潔呢？

凡人是光明與黑暗的融合，厄洛斯的美是光明與黑暗在一個人內心相遇的熱烈開端。我們需要重新思考，將神視為厄洛斯能量的變形——萬物湧流而出的源頭。巴勃羅・聶魯達寫過最美的情詩，他說：「我要從山中為你帶來最幸福的花朵，藍鈴花、黑榛木和樹枝編成的親吻之籃。我想和你在一起，就像春天與櫻樹那般。」這種想法很美，指出愛也是心中塵俗的那一部分在春天時的覺醒。葉慈也在情詩裡寫過一些鼓舞的文字，像是「**一個人若是愛上你內在遊移的靈魂，他也會愛上你表情變化中的悲傷。**」

這些詩顯示出對於摯愛者內在的獨特氣質和風采的認同，愛能夠幫助你從對方既獨到又特別的本質上去看待他／她。

創傷的贈禮

平衡是愛情最偉大的力量之一，它幫助我們走向轉變。

當兩個人處在一起時，他們之間的古老圓環就閉合起來。他們並不是兩手空空的來見對方，而是為對方帶來了滿手的禮物。這些往往是創傷的贈禮，在愛裡喚醒了癒療的作用。

當你真的愛上某個人的時候，會將你靈魂的光芒照耀在你摯愛的人身上。我們從大自然中知道，陽光使萬物成長。如果你在某個春天的清晨看看花朵，你會發現它們尚未綻放。當陽光照耀在它們身上時，花苞才悠然地打開，迎向新的光明。

當你所愛的人有很深的傷痛時，直接道破他的痛處和討論它是最糟的事情。如果你把某件事當成議題去討論，靈魂裡就會升起一股很詭異的動力。它會變成一種習慣，用某種固定模式不斷再現。到頭來，只好承認那兒有道傷口，然後遠遠地避開它。你所得到的每一個改變，都在傷口上照耀著柔和的靈魂之光。

最好記住，把你和你的另一半聚在一起、繫在一起的愛的圓環裡，有著古老的復甦和更新的力量。你的愛情宿命絕不是只仰賴你各種不可靠的主觀臆斷，你可以在你們之間激起療癒之光的第三力量，這可以在艱困的時刻帶來寬恕、慰藉和療癒。

當你愛上某個人的時候，在你們彼此相屬的圓環裡不斷產生摩擦是很糟糕的事情，真的不要干涉你的另一半。彼此相愛的兩個人不用覺得有義務向外界解釋他們相愛的原因，或者為什麼他們屬於彼此。他們所屬的地方是一個祕境，他們的靈魂知道他們在一起的原因，而且應該信任那種熟悉且親密的感覺。如果你一直用你們之間的聯繫來干涉你的另一半，你的愛人，你的靈魂朋友，你們之間的距離會漸漸被拉開。

英國詩人湯姆・岡恩（Thom Gunn）有一首兩行詩寫得很棒，它叫做《亨利・詹姆斯風格》。亨利・詹姆斯（Henry James）是敘事最精準、最微妙的小說家，他可以從各個角度把一件事情敘述得非常詳細。但是超清楚的分析對於如詩般的愛情，卻可能帶來困擾和毀滅。

亨利・詹姆斯風格

如果他們之間有什麼關係，
也只是存在於討論之中。

如果你一直對著歸屬圈裡較柔嫩的組織，照射分析和問責的霓虹燈，你將會讓它變得乾枯、荒蕪。

一個人應該常常為他們身上甦醒的愛，唸著優雅的祈禱文，當你感覺到你對另一伴的愛和另一半對你的愛，你應該不時提供愛的溫暖，祝福那些受到傷害和不被愛的人們。把那種愛傳送給世界上絕望的人們，給飢餓中的人們，給身陷囹圄、住院的人們，給蠻荒地區所有遭受風吹雨打的痛苦生靈。

當你把你愛裡的慷慨傳送出去，人們會感受到。這種愛是祈禱最堅定的力量。

愛的國度裡沒有競爭

祈禱是把你愛裡美的光芒傳送給其他人去療癒、釋放和祝福他們的一種行為和風度。當你生命中有愛的時候，應該從心靈層面把它分享給被逼到生活邊緣的人們。

凱爾特傳統中有一種很美好的想法，那就是，**如果你把自己的善傳送出去，或者如果你分享內心的快樂或好事，它最後會變成一萬倍回報給你。愛的國度裡沒有競爭，也沒有佔有或控制。你付出的愛愈多，你得到的愛也愈多。**這裡要提到但丁的概念：宇宙的祕密旋律是愛的旋律，能夠驅動行星和恆星。愛是經驗的源頭、核心和終點。

友情的祝福

願你有福交到好朋友。

願你學會做自己的好朋友。

願你在靈魂裡遊歷到大愛、溫暖、情感和寬恕之地。

願這能夠改變你。

願它轉變你內心負面、疏離或冷漠的事情。
願你進入到真正熱情、熟悉和親密的歸屬圈裡。
願你珍惜你的朋友。
願你對他們好，願你支持他們；
願他們為你帶來你旅程中所需的一切福氣、改變、真相和光明。
願你從不孤單。
願你和你的靈魂朋友常在融洽的溫柔鄉裡。

2 感官與靈性之路

臉孔是人類的標誌

山川景色是第一個出現的創造物，在花朵、動物或人類出現之前，它已存在了幾百或幾千萬年。大地就這樣待在那兒，它是世界上最古老的存在，儘管它需要人類的出現來知道它。

我們可以想像的到，當人類的臉孔剛出現在大地上的時候，海洋沉默了，風也停息了，這是世界上最奇特的事情。在人類的面前，不知名的宇宙變得熟悉起來。風與海洋的夢，星辰與群山的寂靜，在人類面前也成了母親般的存在。世界所隱藏的神祕溫暖，在此表現出來。

臉孔是人類的標誌；在人類心裡，這是宇宙第一次與它產生共鳴。**臉孔是心靈的鏡子，在人類身上，世界找到了它默默渴望的熟悉感。**無所不在且無窮盡的大自然，終於能夠在心靈的鏡子裡看見自己。

人的臉孔是一項藝術成就，一個這麼小的表面能夠呈現出驚人的各種程度面貌，幅度遠超越了肉體的限制。沒有兩張臉是一模一樣的，每一張臉都有其獨到之處，每一張臉都代表人類存在的特別意義。

當你愛上某人然後分開很長一段時間，此時收到信件或電話，甚至用你的心靈靜靜感受他們的存在，都是很愉快的事情。當你回家再度看到你所愛的那張臉，你的欣喜更甚，此刻你盡情享受見面的愉悅。你從那張臉上看出對方見著你、看著你時所流露出來的濃濃的、深深的愛意。再見到彼此是一件多麼美好的事。在非洲，有一種打招呼的方式意思是「我看到你了」。在愛爾蘭的康尼馬拉，有一種用來形容受歡迎和讚賞的話：Tá agaidh an phobail ort，意思是「大家都會向著你」。

若你住在寂靜偏僻的地方，城市對你來說會很驚奇。在城市裡有數不清的臉孔：陌生的臉孔時時刻刻都在迅速且擁擠的移動著。當你看著他們的臉孔時，也會看到他們用生活所反映出的特殊言語。

從某種角度上來說，**臉孔是身體的標誌，是一個人呈現出內心世界的地方，人的臉孔是每個人微妙的視覺自傳。**無論你人生的內心故事有多隱密，永遠也無法隱藏住透過你的臉孔所呈現出來的世界。

如果我們知道如何讀懂別人的臉孔，就能解開他們人生故事的謎底。臉孔會揭露靈魂的祕密，它反映出內心生活的外在形象和對上天的迴響。當你看著某人的臉，你會透析他的人生。

注視的神聖性

在南美洲，我的一位記者朋友見到一位他很想會晤的印第安老酋長，那位酋長之前就答應過要與他見面。記者朋友以為他們見面後只是單純的聊一聊，沒想到，酋長把他拉到旁邊，默默地凝視他的眼睛好長一段時間。剛開始我朋友嚇到了，覺得他的人生完全曝露在這個陌生人沉默的注視之下。

過一會兒，這名記者也開始向深處凝望。他們兩人就這麼靜靜地對望了兩個多小時。之後，他們變得像是認識彼此一輩子似的，所以也不需要面談了。

從某種意義上來說，凝視著對方的臉，也就是透析他人生的深處和全部的人生。

我們往往太容易假設，自己和別人分享著同一個世界。從客觀上來說，我們的確和其他人一樣住在同一個物質空間裡，畢竟，天空在我們眼中是恆常的，活在天底下的每一個人都覺得我們是活在同一個世界裡。不過，這個外在世界並沒有通往人們內心世界的管道。其實，每個人都是一個完全私密的個人世界的管理人。

有時候我們的信念、意見和想法是安慰自我的終極方式，我們安慰自己說，自己不是唯一受到獨特的內心世界煩擾的人。我們習慣於假裝所有人都屬於同一個世界，但是我們比自己所了解的更孤單。這種孤單並非只是彼此不同的結果，事實上它源自於我們活在不同的軀體裡。

人生是被容納在不同的軀體裡，這種想法很有意思。舉例來說，**當人們來你家拜訪的時候，他們是用身體裝過來的。他們以身體做為運輸工具，把自己所有的內心世界、經驗和記憶帶到你家裡。當他們正在拜訪的時候，他們的人生不在別處，而是完完全全和你在一起，在你面前，要和你打成一片。**當拜訪結束時，他們的身體站起來，走出門外，並且帶著這個隱藏的世界離開。

這種認知也闡明了做愛的奧祕。那不只是兩個靠在一起的身體，也是兩個靠在一起的世界；它們圍繞著彼此，相互流交。我們能夠感到美好、愉快和恐怖，都是因為我們內心這個無限的不知名世界。

你內心世界的無限性

人類是許多無限性開始相遇的地方。

空間的無限性向宇宙的深處伸展，時間的無限性可以從數十億年前說起。還有小宇宙的無限性：你拇指尖端上的一個小微粒含有一個完整的內在宇宙，只不過它小到人類的肉眼看不見。顯微鏡下的無限性，就跟宇宙的無限性一樣令人眼花繚亂。然而，縈繞在每個人身上且揮之不去的無限性，是他們自己內在的無限性。每個人的臉孔之後都藏著一個世界，有些臉孔會向深沉的人洩漏它們內心的脆弱。

當你看著某些臉孔時，可以看到無限性的亂流開始往表面浮現出來。此時此刻可以開始和陌生人的對視凝望，或是和你熟悉的人展開對話。然後就在一瞬間，沒有特意為之或意識到，他們的注視變成了某種原始內在的交流工具。這種注視只持續一秒鐘，在這個最短的期間，你的內心已經有東西在向外探尋了。

另一種無限性還沒產生，是模糊的存在。你覺得你在永恆的陌生裡被盯著看，注視著你的無限性源自於古時候，但我們無法封鎖永恆。意想不到又令人不安地，它從我們生活圖案中的縫隙看進來，注視著我們。我一個喜歡蕾絲的朋友常說，賦予蕾絲美感的正是它上面的洞洞。我們的經驗就具有蕾絲的這種結構。

人的臉孔負載著奧祕，是每個人生奧祕的曝光點。

一個人私密的內心世界，就是從這個地方伸向不知名的世界。身體其他部分被遮蓋住，但臉是裸露的。這種裸露的脆弱為求得了解和同情，而發出了意味深長的請柬。

人的臉孔是兩個未知者相遇的地方：外在世界的無限性和只有自己知道的內在世界。隱藏在燦爛臉孔背後的是黑夜，臉上的微笑是驚喜或光明。當臉上露出微笑，就好像這個隱藏世界的夜晚突然間變亮了。德國哲學家海德格以雋詠的文詞說過，**我們是深奧又古老的門檻的管理人。緣此，你從人的臉上看到了不朽的潛力和奇蹟之可能性。**

臉孔是人體的頂峰，你的身體與根源自宇宙的泥土一樣古老，你踩在地上的雙腳，是與大地的恆久聯繫。你的雙腳使你的肉體與用來創造你的古老泥土產生聯繫。所以，在你身體頂峰的臉孔，會讓你塵俗的生命往熟悉和自我去提升。就好像透過你臉上最新的表情，讓你肉身的泥土變得熟悉又有個性一樣。**在圓形的顱骨之下，臉孔是你塵俗的生命開啟真正人生的地方。**

臉孔與另一種純真

你的臉孔是你人生的標誌，生命從人的臉孔中向外看著世界，也向內看著它自己。

看著充滿痛苦和怨憤的臉，是一件很可怕的事。當一個人的生命遭受無情的打擊時，它大部分的負面性也許一直無法療癒，因為負面性一直延續下去，所以臉上透露著陰鬱。於是臉孔不再溫暖，變成了一張冷漠的面具。

希臘文 prosopon 是關於「人」的最古老文字之一，它原本的意思是希臘歌唱劇裡演員所戴的面具。在痛苦、憤怒或怨憤一直延續下去時，臉孔就變成了面具。不過，也有人的際遇是相反的，也就是由保留著優美的純真、經過時間和經驗深刻雕琢過的古老臉孔所呈現出來的美好。

即使人生也許歷經千辛萬苦，但是有些人仍設法不讓那些痛苦侵蝕他們的靈魂。美好的光明會從這樣的臉孔照向世界，它所投射出去的溫柔光芒，散發著神聖和完整的感覺。

臉孔會揭露你是怎樣的人，以及你的人生遭遇過什麼。不過你很難看出自己人生的模樣，因為它離你太近了。

別人可以從你的臉上解讀出你許多的祕密。肖像藝術家承認，描繪人臉是特別困難的事情。我們通常會說，眼睛是靈魂之窗。嘴巴在個人肖像中也是很難描繪的部分，但奇怪的是，嘴巴的線條似乎會洩漏人生的輪廓，緊閉的嘴型往往被認為是刻薄的象徵。靈魂所寫的人生故事與臉孔的輪廓吻合，這真的很奇妙。

身體是靈魂的天使

人體是很優美的，被賦予這樣的形體是一種恩典。透過身體，你就與一個地方有了聯繫，難怪人總是被地方吸引。地方給我們一個家，沒有地方，我們可以說是沒有任何可停駐的處所。

大地是終極的處所，在大地上有我們稱做「家」的屋子，那兒就是我們熟悉的地方。我們會布置自己的家，使家裡充滿個人風格，一個人的靈魂會棲息在那裡，然後變成心靈之鏡。從最深的意義上來說，身體是你最熟悉的地方。

你的身體就是你在人間的居所，身體是你在這個宇宙裡唯一的家。在你的身體裡、且透過你的身體，你的靈魂對你而言才變得可見和真實。你的身體是你的靈魂在這個世界上的家。

靈魂與體形及身體狀態往往相稱得不可思議，但並非總是如此，不過這讓我們得以透視一個人內心世界的本質。**我們的肉體和靈魂的節奏之間有一種神祕的關係——身體是靈魂展現它自己的地方。**

一位來自康尼馬拉的朋友曾經跟我說過，身體是靈魂的天使，身體是表達和照料靈魂的天使，我們應該時時刻刻關心和愛惜自己的身體。身體往往是欺詐和惡意心智的代罪羔羊，它四周圍繞著原始的純真，那是一種妙不可言的光明和美善。**身體是生命的天使。**

以身體為家的範圍可以很廣、很豐富，戲劇是個很明顯的例子。演員的內心有足夠的空間去容納一個角色，並且讓自己完全地融入角色，因此角色的聲音、想法和動作都能透過演員的身體而巧妙、立即地呈現出來，演員的身體成了那個角色的呈現。

身體最熱情洋溢的表現存在於舞蹈之中，舞蹈劇非常美妙，舞者都成了流動的雕像，身體用感情深刻、鄭重地將空虛塑形。愛爾蘭傳統中最鮮明的例子是香儂舞蹈（sean nós dancing），舞者用他的身體舞出傳統音樂的狂野。

身體往往被視為罪惡，即使在信奉道成肉身的宗教地區也是如此。宗教常把身體視為邪惡、曖昧、貪婪和誘惑的根源，但這完全是錯誤和不敬的，因為身體是神聖的。

這種負面想法來自希臘哲學的錯誤解讀，由於希臘人特別強調神性，所以他們是優雅的思想家。他們心中掛記著神性，努力在語言和觀念上去回應神性，也為印證它的存在去找一些真實寫照。他們很敏銳地意識到體內的重力，和這個重力如何把上天大力拉向大地。他們對這個引力有所誤解，認為它對天界來說是一種矛盾力量。他們沒有道成肉身的概念，對耶穌復活一無所知。

當基督教傳統融入希臘哲學之後，這種二元論就被帶到基督教世界裡。靈魂被理解為美好、光明和善的，憧憬與神同在是靈魂的天性。要不是因為身體的重力，靈魂就可以一直活在永恆當中。於是，基督教傳統對身體產生了極大的猜疑。

相關的一點是，肉慾之愛的理論也從未在基督教傳統中盛行。少數出現關於情色的地方，是《雅歌》裡的優美頌歌。它用美妙的熱情和有禮的態度讚頌感官知覺和肉慾。這是個例外，它被允許收錄在《聖經》正典裡是很令人意外的事情。

後來的基督教傳統，尤其是在天主教早期教父之間，深切地猜忌身體，而且對性愛有很負面的執著，性愛和性交被描述成可能危害到一個人的永恆救贖。

基督教傳統往往低估且未善待身體的神聖存在，然而，藝術家卻從基督教傳統中得到極大的啟發。義大利藝術家貝尼尼（Bernini）的「聖泰瑞莎的狂喜」是最好的例子：泰瑞莎的身體在狂喜的狀態中掙扎，肉慾和神祕主義從此緊緊結合在一起。

靈魂的鏡子

身體是一種聖禮，在古老的傳統定義中，對聖禮有著優美的描述。聖禮是看不見的恩典的神蹟。那個定義巧妙地承認，看不見的無形世界是如何呈現在可見的有形世界裡的。這種想呈現出來的渴望，就深植於無形世界的核心。

我們所有的內心生活和靈魂的祕密，都渴望找到一個外在的鏡子。它渴望有一面鏡子，它可以在那面鏡子裡被看到、感覺到和觸摸到。**身體就是把靈魂的祕密世界呈現出來的鏡子，身體是一道神聖的門檻，它的精神本質值得受到尊重、注意和了解。**

傳統的天主教曾這麼形容身體知覺：身體是聖靈的殿堂。聖靈掌握住三一論的熟悉感和距離，並將其擬人化。將人體描述成聖靈的殿堂，便是承認身體充滿了狂野和活力的神性。這種神學上的見解指出，在最深層的感覺上，肉體之慾是神聖的。

身體也是非常誠實的，你從生活中知道自己的身體無法說謊。你的心智可以欺騙你，在你和你的天性之間布下各種阻隔物，但是你的身體不說謊。你的身體告訴你，你是否有好好照顧它，你過得好不好，是否過著一心想要的生活，還是走在錯誤的迷惘中。身體也有極佳的智慧，你所有的移動（我們所做的每個動作）都需要我們每一種感官最精密、周延的合作。人體是最複雜、精密與和諧的整體。

身體是你在宇宙裡唯一的家，它是你在這個世界上的歸所，它是神聖的殿堂。在面對你身體的奧祕時保持沉默，便能夠走向智慧與聖潔。

遺憾的是，往往只有當我們生病時，才體會到這個叫做身體的家是多麼脆弱和珍貴。當你探望生病或等著做手術的人，你可以鼓勵他們和身體生病的部位對話。

建議他們**把身體當成一個夥伴似的說話，感謝它所做的和所承受的一切，並且為它所忍受的所有壓力請求原諒。身體的每個部位都保有它自身經驗的記憶。**

你的身體在實質上是不同成員的集合，它們同心協力讓你對這個世界產生融洽的感覺。我們應該避開把靈魂和身體分開的錯誤二元論，靈魂並非只是存在於體內，藏在某個隱蔽處。事實剛好相反，你的身體在靈魂之內，靈魂遍布你的全身。因此，你周遭圍繞著神祕和美麗的靈魂之光。

這種認知揭示了一種新的祈禱方法：閉上眼睛，放鬆身體，想像你四周圍繞著光芒，你的靈魂之光。然後隨著呼吸把光芒引進你的體內，引導它隨著你的呼吸流遍你身體的各個部位。

這是一種很好的祈禱方式，因為你正好把靈魂之光（圍繞著你隱晦的庇護所）引進造你肉體的泥土中。最古老的冥想方式之一，就是想像光芒進入你體內，然後在你呼氣的時候想像你把黑暗或內在的雜質呼出去。

可以鼓勵病患用這種方式祈禱。當你把乾淨、療癒的靈魂之光引進體內時，你便治癒了消極、痛苦的地方。你的身體對你十分了解，它察覺得到你的整個心靈和靈魂生活。你的身體比你更快知道，它的存在是一種恩典。

它也察覺得到死亡的存在，你物質的身體有一種清晰、深奧的智慧。疾病往往源自於我們的自我忽略，和未能聽到身體的聲音。身體的內在聲音想和我們溝通，告訴我們藏在外在生活表面下的真相。

有形的與無形的都一樣

在精神的世界裡，身體的評價既負面又低，因為精神多以空氣元素、而非土元素被了解。空氣是無形的，它屬於呼吸和思想的領域。當你單獨把精神放到這個領域的時候，物質瞬間變得弱勢。

這是一個很大的錯誤，因為宇宙間沒有什麼跟神一樣有感官知覺。神的野性就是神的感官知覺，**大自然是上天想像力的直接表現，它是神的美感最精密的反映。**大自然是上天想像力的鏡子，以及所有感官享受之母，因此，只把精神當成無形的東西來理解是不正統的。

諷刺的是，上天和精神的力量與能量都正好源自於這個有形和無形之間的張力。靈魂世界裡的萬物所深切渴望的都是有形的形式，這正是想像的力量存在的地方。

想像力是使有形和無形的東西彌合、共存和共同表達的一種能力。舉例來說，在凱爾特的世界裡有一種很奇妙的知覺，就是去感受有形和無形的東西如何彼此交流。

在西愛爾蘭有許多和某個特殊地方有特別關係的鬼魂、精靈、或是小仙子的故事，對當地人而言，這些傳說就跟風景一樣自然。舉例而言，他們有一個傳統是，絕不要修剪野地裡孤生的灌木。它的寓意是，那也許是精靈的祕密聚會場所。還有許多其他地方，也被認為是小仙子的基地。當地人絕不會在那種神聖的土地上蓋房子或做任何打擾。

李爾王的孩子們

凱爾特世界最令人驚奇的地方之一，是關於變形的觀念。當物質有活力和熱情的時候，變形即成為可能。一個東西的本質或靈魂，並不限於它特別或目前的形體。靈魂的流暢性和能量，並不會被任何固定的形式困住。

因此在凱爾特傳統中，**在靈魂和物質之間、在時間和永恆之間，有一種美好的交流。人體也包含在這個傳統之中。**人體是靈魂世界的鏡子和表現，在凱爾特傳統中最深刻的例子之一就是「李爾王的孩子們」的美麗傳說。

古愛爾蘭思想的核心是達南神族的神話世界，那是一個居住在愛爾蘭地下的部落，這個神話讓整個境內充滿了神祕的色彩。

李爾是當時達南族的首領，他與那個地方的國王之間有衝突，為了解決這個衝突，於是安排了一場和親。國王有三個女兒，他讓李爾和其中一個人結婚。他們婚後生了兩個孩子，不久之後又生了兩個孩子，但不幸的是，李爾的妻子過世了。

李爾再度來到國王面前，國王把第二個女兒賜婚給他。她照顧他和孩子們，但是當她看到他把心力都放在孩子身上時，她的嫉妒感油然而生。她注意到，連她的爸爸，也就是國王，也對孩子們特別關愛。

幾年過去後，她心中的妒火愈燒愈旺，直到她終於將孩子們帶到她的座車上，用魔法棒把他們變成四隻天鵝。他們受到詛咒，要被放逐到愛爾蘭的外海九百年。

但即使他們變成天鵝的樣子，他們仍然保持著人類的心智。當基督教來到愛爾蘭的時候，他們終於恢復成人類的樣子，但已經是衰老的模樣了。

故事中對他們以動物形體在荒野中旅行有很鮮明的描述，這個深奧的愛爾蘭故事，呈現出自然世界如何找到與動物世界的連結。它也顯示了，在人類和動物世界之間有著影響深遠的親密關係。在李爾王的孩子們變成天鵝之後，他們的歌聲有療癒和撫慰人心的力量。「人類那麼容易進入到動物的世界」的要素，加深了故事的感染力。

動物比人類還古老，在人類出現在地球上之前，它們已經存在好幾千年了。動物是我們古老的兄弟姐妹，它們喜愛與大地合而為一那種融洽的生活。

動物生活在野外的風中、水裡、山上和泥土中，它們與大地心靈相通。大地充滿禪意的寂靜和真實存在，被反映在動物的孤獨和沉默中。動物對弗洛依德、耶穌、佛陀、華爾街、五角大廈或梵蒂岡一無所知，它們遠離人類的政治權術。但是，它們已活在永恆裡。凱爾特思想認同動物世界的古老歸屬圈和心靈相通，動物世界的莊嚴、美麗和智慧，並未因任何謬誤的階級制度或人類的自大而削弱。

在凱爾特的思想中有一種基礎觀念，那就是，人類是這個深奧世界的繼承者。關於這點，第九世紀有一首詩裡出現了有趣的描述：

我和我的小白貓
就像在執行任務一般：
狩獵老鼠是牠的興趣，
狩獵文字讓我坐了一整晚。

拿著我的書和筆坐在這裡，
比寫讚頌人的詩詞好多了；
小白對我沒有敵意

牠只是在不斷展現他簡單的技巧。

回到家坐下後，找到
娛樂我們心靈的事情，
看著工作中的我們多麼快樂
是件愉快的事情。

老鼠常常
在英勇的小白面前晃來晃去；
我敏銳的思想常常
在它的網絡中找到意義。

牠倚靠著牆壁虎視眈眈
睜大的眼睛兇猛、銳利又狡猾；
我倚靠著知識

傾盡我所有微渺的智慧。

當老鼠從洞穴裡衝出來時
噢，小白看起來多麼高興！
當我解決了我的疑難時，
噢，我表現得多麼開心！

小白，我的貓和我，
在工作時很安靜；
在我們的技能中，我們找到福氣，
我找到我的，牠找到牠的。

每天練習讓
小白的技術更完美；
我日以繼夜地獲得智慧

把黑暗變成光明。

對於凱爾特人來說，世界無論是隱而不見或活躍鮮明，它一直是崇高純潔的。這種交流的深度在凱爾特語言的力量中也很明顯，語言本身具有引發和推測事件、甚至令事件發生的力量。讚美詩和咒語真的能夠反轉整個負面的命運，並且帶來新的與美好的事情。

在凱爾特的世界裡，尤其是在凱爾特的感官世界裡，靈魂與身體之間沒有隔閡，它們對彼此來說都是很自然的。**靈魂是身體的伴侶，身體是靈魂的伴侶。**也沒有二元論的基督教道德造成的負面分裂——二元論後來對靈魂與身體這兩個美好且重疊的存在造成莫大的傷害，但凱爾特的知覺世界喜愛那種一致又抒情的感官知覺靈性。

光明是生命之母，太陽帶來光明或色彩，它使青草、作物、樹葉和花朵滋長。太陽為稜線起伏的大地帶來了激情，它喚醒了她野性的知覺。

在以下這首蓋爾族的詩裡，太陽被奉為上帝的眼和臉，它抒情地表達出凱爾特人感情中濃厚的活力論。

偉大的上帝之眼，
光輝的天神之眼，
眾人天主之眼，
眾生天主之眼，

在任何時間和季節
將陽光灑向我們，
溫柔且慷慨的
將陽光灑向我們。

榮耀歸於你
壯麗的太陽。
榮耀歸於你，天神之子，
生命之神的臉孔。

靈性與轉變

靈性是轉變的技巧，我們不該強迫自己改變，把人生打造成任何事先想好的模樣。**我們不需要根據事先決定的人生計畫或規劃去運作，相反的，我們需要練習關注內在生活和生命節奏的新技巧。**

這種轉變上比較急劇的例子，是所有為人父母都知道的。你細心呵護子女，但是有一天他們令你感到詫異：你仍然認得他們，但是你對他們的了解還不夠，你必須從頭開始去傾聽他們心裡的話。

憑著覺察力做事，會比憑著意志力做事有更多的創造力。人們太常試圖把意志當做一種鍛造生活型態的鎚子，然後利用這個鎚子去改變他們的人生。才智制定計畫目標，然後意志根據這個目標迫使人生變成別的模樣。

用這種方式操弄一個人自己存在的神聖性，是只講究表面和粗暴的。它錯誤地把你從你自身拖出來，使你在自己機械式的心靈計畫的荒野中迷失多年。你可能自食惡果，在饑荒中枯槁。

如果你用不同的節奏來運作，會感到輕鬆、自然，就像回到自己家裡一樣。你的靈魂知道命運的軌跡，你的靈魂擁有你自來的人生地圖，因此你可以信任自己曲折、不直接的這一面。如果你這麼做的話，就會被帶領到你需要去的地方，但更重要的是，你會在旅程中學到美好的節奏。

這種存在的技巧並沒有什麼基本原則，這個獨特旅程的節拍就深深刻畫在每個靈魂上。如果你留心自己，並且設法來到你的面前，你就會找到你人生的正確節拍。感官知覺就是能夠引領你回家的道路。

你也許會注意到你人生的新生，那是人生的完全轉變。你的感官是帶你更深入內心世界的嚮導。**最偉大的哲學家承認，在很大的程度上，所有的知識都要經過感官知覺；感官是我們和世界之間的橋樑。人的皮膚是透氣的，世界會流入你的體內，你的感官就是讓世界進入的大氣孔。**

你和感官的智慧調和，便不會陷於自我放逐的生活，變成迷失在由你的意志和才智建構起來的外部心靈之地的局外人。

感官是靈魂的門檻

已經有太久的時間，我們相信神性來自於我們本身之外。這個信念重重扼抑了我們的憧憬。這令我們孤單寂寞，因為讓我們聖潔的正是人類的憧憬。關於我們最美的事情，就是我們的憧憬，這種憧憬是心靈上的，具有深度和智慧。

如果你把憧憬寄託在遙遠的天上，就給了自己的憧憬太沉重的負擔。所以常會發生這樣的狀況：憧憬伸向遙遠的天上，但是由於它給自己的負擔太沉重了，所以它向下彎曲，變得憤世嫉俗、空虛或消極，而這可能摧毀你的感覺能力。

不過，我們並不需要把任何重擔放到我們的憧憬上，無論憧憬是什麼。如果我們相信身體在靈魂裡頭，且靈魂是神性的基礎，那麼神性就完全存在於這裡，和我們十分密切。

在靈魂的身體中，感官是靈魂的門檻。

當你的感官向世界敞開時，它們第一個遇見的是你的靈魂。無論喜愛感官享受或訴諸美感，你都是在你自己的靈魂裡。

英國詩人沃茲華斯（Wordsworth）很貼切的描述了感官知覺的高尚，他寫道：「我們應該把愉悅這樣的禮物，歸功於身為人類的高尚。」這是一種很深奧的心靈見解。

你的感官把你和你內在及周圍的神性緊密地連結在一起，與感官調和能夠軟化僵化的信念和觀點，它能夠溫暖和療癒萎靡的感情——這種感情是一種障礙，使我們自我放逐，並且與彼此疏離——於是我們不再被驅離悄悄聚集於我們在內的神性。

雖然我們會按特性來考量每一個感官，不過要知道，感官一直是協力合作的。我們可以從人們對色彩有不同的反應而看出這一點，那表示，色彩不只是視覺上的感知。

眼若黎明

我們第一個會考量到的感官是視覺，眼睛是使人的眼前變得可見且焦點特別強烈的地方。宇宙從人類的眼睛裡找到它最深處的反映和歸屬。

我猜想連群山都夢想著看見景象。當眼睛睜開時，就像黎明從黑夜中破曉。當它睜開時，新的世界就在眼前。

眼睛也是距離之母，當眼睛睜開時，它呈現出在我們外面的他人和世界，即使在遠處。促使西方哲學生氣蓬勃的，是將主體與客體結合在一起的憧憬。使主體與客體分裂的，也許正是距離之母——眼睛。

不過，無限性把我們的看法融入到每一個客體裡。喬瑟夫・布洛斯基（Joseph Brodsky）說得好：客體使無限性私有化。

距離之母——眼睛，讓我們驚異於外在於我們的每一件事的奧祕與相異性。

就這方面來說，眼睛也是親密之母，使一切和我們的距離變得近，足以讓人用雋詠的文字寫出注視的神聖性。與注視相反的是冒犯的瞪眼，當你被瞪著的時候，對方的眼神是強橫的，你在對方眼中就是要被羞辱、冒犯和威脅的對象。

當你真的看著一個東西的深處時，它就變成你的一部分，這是電視機不良的層面之一。人們一直看著空虛、虛幻的影像，因此那些空洞的影像就充斥在他們的內心世界裡。

現代的影像和電子媒體世界，令人聯想到柏拉圖的洞穴寓言。被鍊在一起的犯人們排成一排，看著洞穴裡的牆壁。他們身後的火將影子投射到牆壁上，犯人們相信他們從洞穴牆上看到的東西是真實的，但實際上，他們所看到的只是被投射上去的影子。

電視和電腦的世界，就是空虛的影子王國。**看著能夠與你對視相望的東西，或有內容和深度的東西，才能療癒你的眼睛，讓你看得深遠。**

有些人在生理上是盲目的，一輩子活在黑暗的單景中，他們從未見過浪潮、石頭、星星、花朵、天空或別人的臉。不過，也有人雖然全盲但擁有完美的眼光。愛爾蘭畫家湯尼·奧莫利（Tony O'Malley）是一位神奇的盲人畫家，英國藝術家派翠克·赫倫（Patrick Heron）在對他作品的介紹中說道：「相較於大多數的人，湯尼·奧莫利是睜開雙眼走路的。」

我們許多人對於我們的世界太過熟悉，以至於往往視而不見。你可以在晚上問自己一個有趣的問題：今天白天裡我都看到了些什麼？

你可能會很驚訝於自己沒看到的。也許你的眼睛一整天下來只是在無條件反射地運作，沒有真正留心或意識到任何事情；當你看著自身之外的東西時，不是真的在注意或注視。

景象裡的東西是很複雜的，當你向外看的時候，眼睛無法看到每一件事情。如果你試圖看到全景，那麼細節會變得模糊不清，突顯不出來；如果你把焦點放在其中一個層面上，才能真正看見它，但你就錯失了較大的格局。

人的眼睛總是選擇它想看見的，逃避它不想看見的。關鍵性的問題是，我們要用什麼樣的標準去決定我們喜歡看到什麼，和避免看到我們不想看到的。許多受到侷限和負面的人生，直接產生於這種狹隘的見識。

你怎麼看和你看到什麼，決定了你未來的人生，這是個很驚人的真相。可以用一種很有趣的方法開始做你的內在工作，那就是探究你看事情的獨特風格。問問你自己，我是怎麼看世界的？透過這個問題，你會發現你看事情的獨特模式。

眼光的格局

對於**害怕的眼光**來說，一切都是威脅。

當你用害怕的心情去看世界，你所看到的和注意到的，都是能夠傷害你和威脅你的東西。害怕的眼光總是被威脅包圍著。

對於**貪婪的眼光**來說，什麼都可以擁有。

貪婪是現代西方世界裡最強大的力量之一，據說**貪婪的人永遠無法享受自己所擁有的，因為他們總是想著他們還沒得到的。**那可能是土地、書本、公司、想法、金錢或技術，貪婪的動力和日常工作總是一樣的。

歡樂是一種資產，但是可悲的資產永遠得不到滿足，它的內心是貪得無厭的。貪婪是尖刻的，因為它總是被未來的可能性糾纏和掏空，它永遠無法應付眼前的狀況。

但是，貪婪更邪惡的層面是平息和澆滅慾望的能力。它摧毀慾望的自然純真，抹去它的水平線，取而代之的是受到驅使和病態的佔有慾。

這種貪婪現在正毒害著地球，耗竭人們的心智。「擁有」變成「存在」的邪惡敵人。

對於**批判的眼光**來說，一切都被放在一個明確的框架裡頭。當批判的眼光向外看時，它看到事情的稜稜角角。它總是排斥和隔離的，因此它從不以同情或愉快的角度看事情，它看到什麼都要批判。

可悲的是，批判的眼光對自己也同樣嚴苛，它只看到從自己投射出去的痛苦內在形象。批判的眼光得到的是被反射出來的表面，並且稱之為真相。它既不用寬恕、也不用想像力去深入看到事情的基本面，在那裡才會知道真相是似非而是的。過分注重外表、講究形象的文化，是這種膚淺判斷的理想主義的必然結果。

對於**怨憤的眼光**來說，一切都是令它嫉妒的。

在自己的眼光中養著怨憤的毒瘤的人，永遠也無法享受生活和自己所擁有的，他們總是心懷怨憤的看著別人。

他們怨憤，也許是因為他們看到別人比他們更美麗、更有天賦、或是更富有。怨憤的眼光只能終身與貧困為伍，並且遺忘它內在的收穫。

對於**冷漠的眼光**來說，沒有什麼能呼喚或喚醒它。

冷漠是我們這個時代的特徵之一，有人說冷漠是權力的必要條件，為了能夠掌控一切，一個人必須漠視被掌控者的需求和脆弱性。因此，冷漠需要做到視而不見。忽略事物需要極大量的心力，它甚至可以在你未察覺的情況下把你推出同情、癒療和愛的界線之外。

當你變得冷漠時，便拋棄了所有的力量。你的想像力只會固著在憤世嫉俗和絕望的籠牢裡。

對於**自卑的眼光**來說，別人都很了不起，別人比你更美麗、聰明、有天賦。自卑的眼光總是看不到自己的寶藏，它永遠無法欣賞自己的存在和潛力，自卑的眼光看不到自己蘊含的美麗。

人的眼睛絕不是用來把別人捧到天上讓自己去仰望的，也不是把別人貶到地上讓自己去瞧不起的。看著人時注視對方的眼睛，是真誠、勇氣和期望的證明。

對於**愛的眼光**來說，一切都是真實的。

這種愛的藝術既不是感情用事，也不是天真。這種愛是真理、頌揚和現實的最重要準則。

凱瑟琳・雷恩（Kathleen Raine）是一位蘇格蘭詩人，她說，除非你從愛的角度來看事情，否則等於根本沒看到。在愛的光芒中我們才能見到光明，在愛的光芒中我們才能看見每件事物真實的源頭、本質和目的。如果我們能用愛的眼光去看世界，我們眼前的世界才會充滿歡迎的熱忱、可能性與深度。

在走向變革和復甦的時候，愛的眼光甚至可以安撫痛苦、傷痛和暴力。愛的眼光是開朗的，因為它自由且獨立自主。它可以關愛地看待任何事物。

愛的眼光不會與權力、誘惑、對立或複雜等議題糾纏不清，愛的眼光具備創造力和顛覆性。它不受盲目和批判的影響，能夠從其源頭、結構和目的上來處理經驗。

愛的眼光看得比表象更遠，可能帶來深遠的改變。**眼光是你存在和創造力的核心，了解你如何看待事情，你才能認識自我，並且得以窺見你生命中悄悄握有的寶藏。**

味覺與說話

味覺既敏感又複雜，舌頭是味覺器官，也是說話的器官。味覺是現代世界的受害者之一，因為我們在生活中承受這麼多的壓力和緊張，根本沒時間去好好品嚐我們所吃的食物。我的一位老朋友常說，**食物就是愛。**凡是在她家吃頓飯的人，一定要從容、有耐心，並且多多關注餐點。

我們不再注意用餐應有的禮節，我們喪失了用餐的儀式感、儀態和熟悉感，那些都是用餐的基本要素；我們不再像以前一樣坐著好好用餐。

凱爾特人最著名的特質之一就是好客，陌生人總是被邀作客，在任何業務進行之前，就先奉上這樣的款待。當你享用一頓飯的時候，也在品嚐你通常不會察覺到的風味。很多現代食物完全沒有風味，連在栽培的時候都添加了人工肥料和噴灑化學藥劑，導致種出來的食物一點都沒有自然的風味。結果，對於大多數人來說，他們對味道的感覺變得極為遲鈍。

我們可以從「速食」一詞的引申看出端倪——暗喻現代文化的拙劣鑑賞力和缺乏品味。這也是我們在語言使用上的真實寫照。用來品嚐的器官——舌頭——也是說話的器官。我們所使用的詞彙，許多都符合速食的精神。這些詞彙都太薄弱，不足以與經驗產生共鳴，它們薄弱到無法將事物的內在奧祕做成真實的表達。在我們流動迅速的外部世界裡，語言變得像鬼魅一樣，被簡化成代碼和標籤。能夠反映出靈魂的詞彙，是帶有本質的味道和神性色彩的。

古老文化——尤其是民俗文化——裡的詞彙背後的沉默和幽暗感，已不復出現在現代語言中。語言充滿了首字母縮略詞，現今我們對於負有歷史和相關性的詞彙很沒耐心。

在鄉村裡長大的人，尤其是西愛爾蘭人，對語言的概念很強大，他們的措辭法富有詩意和警惕性。俯拾皆是的直覺和靈感，迅速組成了靈活的句子。

使愛爾蘭的口說英語這麼有趣的因素之一，是藏在其身後饒富趣味的蓋爾語。它為英語的使用注入了大量的色彩、複雜性和力量。不過，企圖摧毀蓋爾語是英國在愛爾蘭的殖民主義所做最粗暴的行為之一。蓋爾語是多麼富有詩意和力量的語言，它背負著愛爾蘭的記憶。當你偷走一個民族的語言時，他們的靈魂就變得不知所措。

在詩歌裡，語言沉默時被表達得最美、最清晰。詩歌是沉默的語言。

如果你看著一頁散文，會發現上頭擠滿了字。如果你看著一頁詩，你看到的是白紙上躺著窈窕的文字。白紙這個寂靜的地方使文字的輪廓顯得分明清晰，所表達出來的意思也因為怡人的氛圍而增強了。

看著你想要用的語言和文字，看看你是否能聽到一聲寂靜或沉默，是很趣的事情。賦予你的語言生氣和活力的一個方法，是去接觸詩歌。

在詩裡，你的語言會找到澄淨的啟發和美感的氣息。

味道或香氣的感覺是靈敏且立即的。

專家告訴我們說，**就記憶而言，嗅覺是所有感官裡最忠實的。一個人孩提時代的味道仍然存在腦子裡，很不可思議的是，只憑街上或房間裡的一個味道，就能把你帶回遺忘許久的經驗。**

當然，動物的嗅覺比人類敏銳許多。我們可以藉著帶狗散步去了解，它們對於環境的感覺有多麼不同。它們緊跟著味道的痕跡，享受冒險的旅程，跟著看不見的味道蹤跡到處跑。

我們每天要呼吸兩萬三千零四十次，我們有五百萬個嗅覺細胞，而一隻牧羊犬有兩億兩千個嗅覺細胞。動物世界裡的嗅覺那麼強大，因為這有助於向動物警示危險，使它們順利生存下來。所以嗅覺對生命來說是非常重要的。

芬芳與呼吸

在傳統上，呼吸被理解為靈魂進入人體的途徑。呼氣與吸氣是相伴的，除了第一口氣和最後一口氣。從最深層的意義上來說，呼吸是靈的良伴。

最古老的「靈」一詞之一，是希伯來文的 Ruah，它也是「空氣」或「風」的意思。Ruah 也代表了感傷、激情和情緒——靈魂的狀態。這個字的意含是，上帝就像由於上天熱烈的激情和感傷而產生的呼吸和風。

在基督教傳統中，對於三位一體之奧祕的理解也暗示著，透過聖父和聖子的呼吸，聖靈降落在三位一體之內，術語叫做「發出」（spiratio）。這個古老的認同，把靈的野性創造力和人類身上靈魂的呼吸連結在一起。

呼吸也非常適合拿來當成一種隱喻，因為上天就像呼吸一樣，是看不見的。思想的世界就存在於空氣中，我們所有的思想都發生於空氣元素中。我們最偉大的思想來自於大量的空氣，靈感就是從這裡發生的——你吸入隱藏在空氣元素中的思想。靈感是設計不出來的，它是自然而然發生、無法預測的，但是你可以讓自己準備好去得到靈感。

靈感沒有重複性和可預期性，靈感一直是意外的訪客。

一個人在學習、研究或藝術的領域裡辛勤耕耘，一遍又一遍地試著去提升能力，隨時做好準備，才能接近偉大的概念或想法和接受它。

嗅覺包括對香氣的感覺，但是呼吸的機能也接納禱告和冥想的深度世界——你透過呼吸的節奏進入自己的原始靈魂裡。

透過呼吸冥想，開始感覺到自己內心有一塊地方，是你十分熟悉的聖潔之地。

你的呼吸和呼吸的節奏，能夠引領你回到古老的歸屬圈，回到家裡。一如艾克哈特大師所說，你從未離開，一直住在心靈所屬的家裡。

眞正的聆聽是尊重

我們具有聽力，傾聽萬物。現實中有一道大門檻，就是聲音與寂靜之間的門檻。所有的好聲音內外都伴有寂靜之聲。每個人聽到的第一個聲音，是在子宮裡黑暗的「湖水」中聽到的母親的心跳聲，這就是古人要用鼓這種樂器來擊出共振之聲的原因。鼓的聲音為我們帶來撫慰，因為它引領我們回到在媽媽肚子裡聽她心跳的時候。

那是十分有歸屬感的時刻，我們與母親尚未分開，我們與另一個人（母親）完全是一體的。韻律和藍調方面的愛爾蘭權威人士柯蒂斯（P. J. Curtis）常常說，尋找意義，實際上就是在尋找失落的和音。當失落的和音被人類找到時，世界上的爭吵才會平息，然後宇宙的交響曲才能完全和諧一致。

擁有聽力是件很美好的事情。

有人說，失聰比失明更糟糕，因為你被孤立在一個極度寂靜的內心世界裡。即使你能夠看到周遭的人們和世界，但接觸不到聲音和人聲是非常寂寞的。

在聆聽和聽力之間有一個很重要的區分，有時候我們聽到了，卻從未真正聽進去。**真正的聆聽能讓我們接觸到即使是沒說出來或無法說出來的事情。**

有時候，奧祕最重要的門檻是沉默之地。真正的崇高，是尊重沉默的可能性和存在。馬丁・海德格說，真正的聆聽是尊重。

當你用你的靈魂來聆聽時，便和宇宙音樂的節奏產生一致性。

透過友誼和愛，你學習讓自己調適於沉默，也就是奧祕的門檻——你的生命從這裡進入到你所愛之人的生命裡，你所愛之人的生命也從這裡進入你的生命。

詩人完全將自己奉獻給沉默和語言交會的門檻上，詩人最重要的任務之一就是找到自己的聲音。你在開始寫作的時候以為自己寫出了美好的詩句，然後閱讀其他詩人的作品，才發現他們已經寫過類似的詩詞，你了解到自己在無意間模仿他們。

你要花很多時間篩選掉你與生俱來的膚淺聲音，才能進入你另一半的深層節拍和音調裡。當你由衷說出內心的聲音時，就是靈魂所寄居的身體在為你自己說話。

你的內心有一種聲音，沒有任何人（包括你自己）聽過。給你自己沉默的機會，並且開始培養你傾聽的能力，你才能聽到內心深處、你自己的心靈音樂。

最適合寂靜的聲音是音樂。

聆聽音樂時，你開始聽到它如何優美地裝飾、編織寂靜，如何引出寂靜不為人知的奧祕。輕輕遊盪在聲音與寂靜交會處的迴響，很快就被聽到了。

人類出現在地球上不久前，這裡也有過古老的音樂。不過，人類為地球帶來最美的禮物之一就是音樂。在偉大的音樂裡，地理古老的渴望找到了聲音。

傑出的指揮家塞爾吉烏・傑利畢達克（Sergiu Celibidache）說：「我們不創造音樂，我們只創造讓她出現的環境。」**音樂照拂自然的寂靜與孤獨，它是最強大、即時和親切的感官經驗之一。也許，音樂是令我們最接近永恆的一種藝術形式，因為它即時且不可反轉地改變了我們體會時間的方式。**

當我們聆聽美妙的音樂時，便進到永恆的時間裡。短暫、破碎的時間線漸漸消失，我們進入永恆裡的歸屬圈之中。愛爾蘭作家蕭恩・歐弗蘭（Sean O'Faolain）說：「在偉大的音樂面前，除了活得高尚，我們別無選擇。」

接觸的語言

我們的觸覺用一種親密的方式讓我們與世界接觸。

做為距離之母，眼睛讓我們知道我們身處於東西之外。羅丹創作了一件雕塑鉅作《擁抱》（Embrace），裡頭有兩個人互相擁抱在一起，扭轉著身體要親吻。所有的距離都在這一吻的魔法中被打破了，兩個有距離的人終於接觸到彼此。

接觸和觸覺的世界把我們從有距離的陌生感中，帶到相互歸屬的親密感裡。人類用他們的雙手去觸摸——探索、追蹤和感覺這個外在世界；雙手多美好啊！哲學家康德（Kant）說，手是心靈的有形表達。你把雙手伸出去接觸這世界，在與對方的接觸中，你的手會觸碰到對方的手、臉或身體。

觸覺令人感到踏實，接觸的動作使我們與另一個人的世界更接近。它的作用和眼睛相反，眼睛能夠很快地用知識術語去解讀它看到的東西。

眼睛根據它自己的邏輯把看到的東西合適化，而觸覺是透過它所接觸到的來確認。它不會把看到的東西合適化，它只會讓目標愈來愈靠近。

我們會用「觸動」人心來形容一個深深打動我們的故事或電影。我們透過觸覺而感到疼痛，沒有什麼會像遭遇疼痛那般更令我們猶豫或搖擺不定。它直接觸及我們性格的核心，喚醒我們的脆弱和絕望。

現在普遍認同每一個孩子都需要與他人接觸。接觸能夠傳遞歸屬感、溫柔和溫暖，這些有助於培養孩子的自信、自我價值感和從容。

接觸的力量如此強大，是因為我們生在美好的皮膚世界裡。我們的皮膚是有生命力、能呼吸的，總是很活躍，而且始終存在。

人類分享這種溫柔和脆弱，是因為我們活在皮膚之下——不是活在硬殼裡面——而皮膚對於世界上的力量、觸摸和壓力一直是很敏感的。

觸覺是最立即且直接的感覺之一，接觸的語言獨樹一格。接觸也是微妙和特別的，而且它本身有一種很細膩的記憶。

一位鋼琴家去拜訪他的朋友，他問友人需不需要為她演奏一曲。他說：「現在我的手正彈著舒伯特的曲子。」

觸覺的世界包括了整個性慾世界，這也許是人類存在最溫柔的層面。當你和某人發生性行為的時候，你就讓對方的一切進入你的世界裡。

性慾的世界是一個神聖的世界，厄洛斯的世界是當代營利主義和貪婪之下滿目瘡痍的結果之一。喬治・史坦納（George Steiner）對此寫過強而有力的文章。他指出，親密的話、性與愛的喃喃夜語、祕密的情話，在貪婪和消費主義的熱鬧白日都一掃而空。我們迫切需要重新得到這些溫柔而神聖的接觸話語，才能應付我們全部的人類天性。

當你看著你的靈魂內在世界時，問問自己，你的觸覺發展得如何？實際上你是怎麼觸摸東西的？你是否有所體悟，接觸的力量是感官愉悅的和溫柔的，而且也是療癒的力量？重新得到接觸，能夠為你的人生帶來新的深度。它能夠療癒你，使你更強大，讓你更接近自己。

接觸是一種即時的感覺，它能夠帶你脫離虛幻的世界，脫離放逐和想像的貧瘠世界。重新找回接觸的感覺，能讓你回到你心靈的爐床邊，再次體會到溫暖、溫柔和歸屬感。

人在情感強度的最高峰是無語的，接觸的語言會為你說話。當你迷失在痛苦的黑暗深淵裡，語言變得薄弱、沉默。只有溫暖的擁抱才能夠帶來庇護與安慰。反之，當你很快樂的時候，接觸就變成了一種欣喜的語言。

接觸使相遇、甦醒和歸屬的奧祕有了最深的線索，它是每一種連繫和關係的私密、具有情感的內含。接觸的能量、溫暖和誘惑，最終來自於上天。

聖靈是上帝野性和熱情的一面，祂是包圍著你、引領你靠近自己和他人的觸覺之靈。聖靈將距離變成一種吸引力，並且用情感和歸屬感的芬芳來裝飾它。

優雅的距離使陌生人變成朋友。你所愛的人和你的朋友也曾經是陌生人，但是就在某個時間點上，他們從遠方來到你的生命中。他們的到來看起來是那麼的意外和偶然，但現在，你無法想像生命中少了他們。相似的，你的身分和憧憬包含了從你內心深處浮現的某些想法和感覺，現在若失去它們，你便喪失了自我。

你在神性的根基上活著、動著，這就是聖奧古斯丁（St. Augustine）口中的上帝：「祢比我更親近我自己。」上帝——也就是聖靈——精妙的即時性觸碰到你的靈魂，溫柔地編織你的道路和生活。

聽到風的聲音，嚐到水果的味道

凱爾特的精神世界完全充滿了感官的韻律和智慧，當你讀凱爾特的自然詩歌時，會看到所有的感官感受：你會聽到風的聲音，嚐到水果的味道，最重要的是，你會知道奇妙的大自然是怎麼接觸人類的。

凱爾特精神對於視覺也有很強大的感受力，尤其是和心靈世界有關的。凱爾特之眼對於有形和無形之間的過渡世界有很強烈的感覺，這在學術上被稱為「想像的世界」，也就是天使所居住的世界，凱爾特之眼鍾愛這個過渡的世界。

我們在凱爾特精神裡發現，有形和無形之間有一個新的橋樑，而且這被優美地表達在凱爾特詩歌和祈禱文裡。這兩個世界再也不分離，它們自然、優雅、如詩般地彼此交流。

為感官祝禱

願上天賜福予你的身體。

願你明白，你的身體是你靈魂忠實且完美的朋友。

也願你平安喜悅，知道你的感官是神聖的門檻。

願你明白，聖潔是留心、注意、感覺、承受與接觸。

願你的感官讓你對凡事得到更清楚的了解。

願你的感官使你懂得欣賞宇宙，和你出現在這裡的奧祕及可能性。

願大地的厄洛斯保佑你。

3 獨處中閃現的光

神祕的靈魂世界

我出生在一個到都處看得到石頭的山谷，山谷生活能夠享受到私人的天空。放眼望去，四周都看得到地平線。地平線庇護我們的生活，也不斷讓眼睛看到新的邊際和可能性。海洋的出現為景色增添更多的神祕感。數百萬年來，古老的對話在海洋的歌詠和岩石的沉默間不斷持續著。

世界上沒有兩顆石頭的形狀是一模一樣的，每一顆石頭都有不同的面貌。光線往往以輕柔的角度灑下，正好照出每顆石頭羞怯的樣子。

在這裡，就好像野性、超現實主義的上帝躺在整個山川景色中。這些石頭一直耐心地保持靜止狀態，持續讚頌時間的沉默。愛爾蘭的地貌充滿了記憶，守護著古文明的斷垣殘壁和遺蹟。一條曲線盤據在大地上，分明的色彩和形狀讓找尋對稱或簡單線條的眼睛不知所措。對於這樣的風景，詩人葉慈說：「堅定的色彩和細緻的線條，是我們的祕密戒律。」

旅程中的意外是，每過幾哩路景色就改變了。新的景色令眼睛驚喜，也喚起了想像力；這片風景有一種寧靜中帶著野性的複雜。從某種意義上來說，它反映了凱爾特意識的本質。

凱爾特思想從來不是單一的線條，它避免只在確定性中尋求滿足的看法和生活方式。凱爾特思想非常尊崇圓環和螺旋的奧祕，圓環（代表循環）是最古老和最強大的符號之一。**世界是一個圓環，太陽和月亮也是，連時間本身都有循環的特質，日和年也可以組成一個循環。以我們最熟悉的層面來說，每個人的人生也是一個循環。**

眼睛或心智是無法看到整個循環的，但是循環為複雜和神祕的事物提供了一個很好的理解方式，它結合了深度與高度。圓環從不將奧祕簡化成單一的方向或取向，對這種祕密保持耐性，是凱爾特思想中很有深度的鑑賞力。

靈魂世界是神祕的，神祕與神聖的關係就像姐妹一樣，當一個東西的神祕性不受到尊重，那它的神聖性也消失了。所以，任何關於靈魂世界的想法，不應該對靈魂世界投以太強烈或刺眼的光芒，凱爾特意識裡的光芒是朦朧而微妙的。

霓虹憧憬的危機

我們的時代有一種前所未有的心靈飢渴，愈來愈多人意識到內心世界的存在。他們的靈魂燃起對永恆的渴望，這是一種新的意識型態。不過，這種心靈飢渴的損害層面，在於它用太嚴厲和急切的態度去看每一件事。**現代意識的態度並不溫和或恭敬，它在面對奧祕的時候缺乏優雅的風度，只想解開和控制未知的事情。**

現代意識很類似醫院手術室裡刺眼的白光，這種霓虹光太直接、太清楚，不適合接近幽暗的靈魂世界，那對含蓄及隱晦的東西來說並不友善。凱爾特思想很尊重每個靈魂的神祕性和深度。

凱爾特人認為，每一個靈魂的外形都是不一樣的，一個人披上的心靈外衣，絕不可能適合另一個人的靈魂。有趣的是，revelation（揭露）這個字來自於 re-valere，也就是「再遮上」的意思。所以，我們是透過再度被蓋上的薄紗上的開口，窺見了靈魂世界。

沒有直接、明顯或公開的道路可以通往天堂，每一個終點都有一條獨特的曲線，一定要找到它自己的心靈歸屬和方向。個體性是通往心靈潛能和福祉的唯一道路。

當心靈上的搜尋太密集且飢渴時，靈魂仍然會隱藏起來。靈魂從來不想被完全看見，處在幽暗的光線裡對它來說比較自在。

在發現電力之前，人們在夜晚使用燭光。它是適合黑暗的理想光線，在黑暗中輕輕張開它的薄幕，促使想像力活躍起來。蠟燭讓黑暗保有它的祕密，每個燭火裡都有陰影和色彩。**靠近內心世界最適合和最尊重的光芒形式，是燭光感知力。**它不強迫奧祕展示它的透明度，我們只要瞥見一眼就已足夠。對於靈魂的奧祕和自主性，燭光感知力很巧妙地展現了它適切的尊重。這種感知力站在一個很得體的位置，既不需要也不渴望侵犯神性所駐紮的聖地。

在我們的時代裡，人們用心理學語言來靠近靈魂。心理學是一門奇妙的科學，在許多方面它已經成為一個探險家，以英雄式的冒險來發掘人們尚未發現的內心世界。**在我們重視感覺即時性的文化中，許多心理學已然拋棄被視為神話的繁衍能力和敬畏，而去站在霓虹意識的壓力之下，無力恢復或探索靈魂世界的深度和密度。**凱爾特神祕主義認為，與其嘗試曝露靈魂或給予它我們薄弱的保護，我們更應該讓靈魂發現我們、保護我們。凱爾特神祕主義對感官很敏感，而且沒有心靈的侵犯行為。凱爾特人把他們的故事、詩歌和祈禱文，透過一種先於話語的語言表達出來。那是一種感情豐富又心懷尊敬的語言。這令人聯想到日本俳句詩的純粹。它繞過孤芳自賞、自我反思的語言糾結，去創造出一種清晰易懂的詞彙，然後讓深奧的自然和神祕透過這些詞彙而閃耀。

凱爾特精神能夠辨識出指引和開拓你人生的智慧和慢光。當你的靈魂甦醒時，人生便充滿帶有創造力的衝勁。

雖然命運是慢慢地、一點一點被揭露的，但是我們可以從一個人的臉上感覺出它的目的。風景中出現人的身影，總是令我著迷不已。當你走在山間遇到另一個人的時候，與自然的野性形成強烈對比的人臉會讓你覺得十分醒目。

人的臉孔是一個世界往外看和一個世界往內看著自己的地方，人臉把這兩個世界聚在一起。在每一張人的臉孔之後，都隱藏著一個沒有人看得到的世界。內心友誼的深度就是它的心靈之美，那足以改變你觸摸到、看到和感覺到的每一件事物。

從某種角度上來說，人的臉孔是個人靈魂間接被看到的地方。但是靈魂仍是難以捉摸的，因為臉孔無法直接表達出我們所有的直覺和感覺。不過，隨著年齡和記憶的增長，臉孔會漸漸反映出靈魂的歷程。臉孔愈老，它所反映出來的內容便愈豐富。

出生是被選擇的

出生是被選擇的，**沒有人的出生是意外，我們每個人都因為各自的命運而被送到這裡來。**在透過心靈端詳臉孔時，臉孔的深層意義往往會浮現出來。

你想想懷孕的那一刻，有多到數不清的可能性，不過在大部分的情況下只能懷一個孩子。這似乎暗示了，某種選擇性的機制已經在運作中，而這種選擇又暗示有某種想像你、創造你和一直照拂你的天意在庇佑你。你並未參與塑造你命運、何時出生、出生在哪裡、誰生下你的討論。想像一下，如果你出生在隔壁鄰居家裡，你的人生會有多大的不同。

你不能選擇你的身分，換句話說，你的命運是早已注定的。不過你在既有的命運之外還有自由和創造力，可以創造新的關係和鍛造新的身分，雖然也包含舊的身分，但不受舊身分的限制。這便是成長的祕密脈動，它隱藏在你人生的表象下悄悄運作。命運設定好經驗和人生的外在框架，然後由自由來找出和填補它的內涵。

在你出現在這世界之前的數百萬年前，你個體性的夢想早已被小心翼翼地準備好。你被送到一個已塑造好的命運裡，你在這個命運裡表現出你與生俱來的天命，有時候這種天命牽涉到無法解釋的磨難和痛苦。

每個人都有他獨特命運，我們每個人都擁有無法由別人完成的任務。如果真有別人可以實現你的命運，那麼他們會取代你的位置，而你就不會存在在這裡了。**你會發現帶你來到這裡的看不見的必然性，這就是你的人生深度。**當你開始破解這個奧祕時，你的天賦異秉便甦醒過來，你的心跳加速，生存的迫切性重新點燃創造力。

如果你可以喚醒對命運的感覺，才跟得上生命的節奏。當你放棄你的潛能和天賦，當你甘願平庸、拒絕上天的召喚時，便失去人生的節奏。當你失去節奏時，人生會變得煩人的瑣碎或莫名的庸碌。

節奏是平衡和歸屬感的祕密關鍵，它不會瓦解為虛妄的滿足或消極。它是一種動態平衡的節奏，代表心靈準備就緒，是不自我中心的姿態，這種節奏感是古老的。所有的生命都來自於海洋，我們每一個人都來自於子宮裡的水，潮水的漲退就存在於我們呼吸的起伏中。當你與自然的節奏合拍時，任何毀滅性的東西都無法觸及你。

天命與你合而為一，它照拂你、帶領你到新的境界。對天意心領神會，才能抓住生命節奏。

凱爾特異世界的共鳴

我常常覺得內心世界就像一幅風景，在這片岩石的大地上充滿了無數的驚喜。站在山頂，然後發現一口泉水從沉重的岩石下湧出來，是多麼愉快的感覺。

這種湧泉已經在黑暗中沉寂許久，它來自地心，那個人的肉眼看不到的地方。湧泉的驚喜，暗示了我們內心有一種古老意識在甦醒。瞬間產生的清新感，喚醒了內心的新湧泉。

沉默的山川大地，隱蔽了廣闊的區域。地方不僅僅是地點，它具有深奧的個體性。地表的草和石頭得到雨水、風和光線的滋潤。大地全神貫注地進行季節的聖禮，毫不保留地把自己獻給女神的激情。大地的外貌是一種既古老又沉默的意識形態，氣勢宏偉的山愛好沉思，河與溪發出淙淙的流水聲，它們是大地歡笑和絕望時的眼淚，大地上充滿了靈魂。

普羅提納斯（Plotinus）在《九章集》裡描述靈魂對宇宙的關懷：「……這全都在一個有普遍理解力的生靈身上，圍繞著它內在的所有生靈，並且具有靈魂，這個靈魂可以擴及到只要是與它有關係的所有成員。」

文明能夠馴化一個地方，地面被剷平去蓋房子和城市。鋪上平整的馬路、街道和地板，我們才能輕鬆地走路和旅行。倘若任憑大地自然發展，景色依然處在長久的寂靜之中。

在過客和短暫事物的騷動下，沒有人注意到它古老的真實存在，人類只記得短暫的緣分。在地表之下，大地活在永恆的夜裡——所有源頭的黑暗及古老的搖籃。

難怪在凱爾特的世界裡，湧泉是神聖的地方。湧泉被視為深層、黑暗、未知的祕密世界，以及光明與型態的外在世界。

在古時候，愛爾蘭的土地被理解為女神的身體。湧泉被尊崇為特殊的洞，神性就從這樣的洞流瀉出來。凱爾特海神馬那南說：「未曾飲過湧泉之水的人，不會擁有知識。」

即使到今天，人們依然會來朝拜神聖的湧泉。他們以順時鐘方向繞著湧泉走幾圈，通常會留下奉獻物。據說，不同的湧泉具有不同的療癒效果。

當心中的湧泉甦醒時，新的可能性便開始源源不絕地流出，你會發現內心有從不知道的深度和激情。這是愛爾蘭作家詹姆士・史蒂芬斯（James Stephens）所謂的甦醒的藝術，他說：「我們唯一的阻礙，是自己的意願。」

我們往往停留在放逐自我的狀態，處在富饒的靈魂世界之外，只因為我們還沒準備好。我們的任務是去昇華自己的心靈和思想，我們周圍有這麼多注定要給我們的祝福與美事，但是它們還不能進入我們的生命，因為我們還沒準備好去接受它們。

把手在門內，只有我們自己能夠打開這扇門。**我們無法準備好，往往是盲目、恐懼和缺乏自我欣賞造成的**。當我們準備好的時候，會得到祝福。

到那個時候，心門就變成天堂的大門。對此，莎士比亞在《李爾王》裡有優雅的表達：「凡事須忍耐，人之生與死都得聽天由命，一切待成熟。」

改造自我——釋放靈魂

有時候，我們的心靈會帶我們遠離內心的歸屬圈。我們變得很著迷於心理學和宗教的方法與療程，我們拚命學習如何做自己，日子一天天過去，我們卻忽略了去實踐自己所學的。

凱爾特思想裡有許多美好的東西，其中之一是它對自發性的意識，自發性是最棒的心靈禮物之一。順其自然就是透過信任超越自我的東西來逃離自我的籠牢，心靈歸屬感最大的敵人之一就是自我。自我並不會反映出一個人個體性的真實樣貌，自我是出自於恐懼和防衛的虛假自我。自我是我們在自己感情周圍打造的保護性盔甲，它出自於膽怯、無法信任他人和尊重我們自己的差異性。生命中最大的衝突之一，就是自我和靈魂之間的衝突。自我會感覺受到威脅、好勝心強、有壓力，而靈魂較趨向於驚喜、自發性、新穎和新鮮。

真正的靈魂是幽默的，是詼諧的，而且絕不過分嚴肅。它避免令人厭煩、精疲力盡或反覆的行為。湧泉衝破結實、堅硬的地面的模樣，正象徵著可能從一個接納經驗的心裡突然冒出來的新鮮感。

佛洛依德（Freud）和榮格（Jung）揭露了靈魂廣闊的複雜性。人絕不是單純、一元的自我，靈魂裡有一個迷宮。我們所想的和渴望的，到後來往往與我們的所做所為衝突。在我們的自覺意識之下，有一個廣大、未知的根源在決定我們的行為。

大地和神仙的神話故事，在我們心中低語著。我們終於意識到在不知不覺中驅策我們的盲目和偏執模式，我們發現自己太常退回到同樣空虛的地方，以至於削弱和耗損了我們的本質。

所有的心靈活動剛開始都是無意識的，這便是隱藏性的願望。

無意識是一種強大且持續的型態。每一個生命都要熬過這個內在的黑夜，並且與之纏鬥，它拋出考驗，而且在我們所做、所想、所感覺的每件事上頭蒙上陰影。

我們是裝著寶藏的陶土容器，儘管寶藏在各方面比我們所能想像的還更黑暗、更危險。當無意識被揭露後，我們便不再被它的黑暗力量禁錮。

這個走向自由的工作既緩慢又無法預料，但是它正好落在這道門檻上——每個人都是他們自己改頭換面的對象和監護人。在我們之外存在著具有外在作用的社會功能，它總體的眼光不知有內在，只會透過形象、印象和功能的透視鏡來看事物。

沒有所謂的心靈療程

在我們的時代，有太多人著迷於心靈療程。那種心靈療程是很直線性的，心靈生活被想像成由一連串階段組成的旅程，每個階段都有它的方法學、負面性和可能性。

這種療程最後往往成為目標本身，使我們違背了自己的自然本質，這樣的療程可能把我們和我們最熟悉的東西分離開來。過去被視為不可挽回的被拋開，現在被當成預示未來聖潔、集成或完美的支點來利用。

當時間被簡化為直線的進程，它就沒有任何存在感。

德國神學家、哲學家和神祕主義者埃克哈特大師徹底的修正了整個心靈療程的概念，他說，沒有心靈旅程這回事。即便有點兒令人震驚，那也會是耳目一新的感覺。假如有所謂的心靈旅程，它也只有四分之一吋長，儘管有好幾哩深。它會是轉入你深層本質和存在的節奏的轉彎點，這種智慧很撫慰人心。

你不需要走出你本身之外才能和你的靈魂及心靈世界的奧祕產生真正的對話，永恆就在這裡——你的內心。

永恆不在別處，它並不遙遠，沒有什麼像永恆一樣近。

有句美好的凱爾特諺語是這麼說的：「和諧的美麗境地，青春永駐之境就在屋後。」永恆的世界和道德世界並不平行，而是交錯的。優美的蓋爾語 fighte fuaighte 所表達的就是這個意思：「彼此交織」。

在我們正常生活的表象背後，永恆的命運一直在塑造我們的生活和道路。人類心靈的甦醒就是返鄉。但諷刺的是，我們的熟悉感往往在抗拒返鄉。**當我們對某種事物產生熟悉感時，我們失去了它的能量、優勢和刺激因素。**

黑格爾說：「通常，我們所熟悉的事物正因為很熟悉，所以未被了解。」這句話非常有力量。在熟悉的表象背後有陌生的東西在等待我們，即便是我們的家、我們的居住地以及我們同住的人，友誼和關係在熟悉的機制下變得極度麻木。

我們把人和大地的野性及奧祕簡化成熟悉的外在形象，但熟悉只僅僅是一個表象。熟悉度讓我們馴化、控制奧祕，最終卻遺忘了奧祕。我們靠著表象讓自己過得心安理得，並且避開他人和表象所掩蓋的諸多未知風暴。**熟悉是人類疏離最微妙和普遍的形式之一。**

哥倫比亞作家加布列・賈西亞・馬奎斯（Gabriel García Márquez）在一本與其密友曼朵札（P.

A. Mendoza）長篇對話的書中被問到與結褵三十年的妻子梅瑟德絲的關係時說道：「我對她太了解，已經到了根本不知道她是什麼人的地步。」

就馬奎斯而言，熟悉是通往冒險和奧祕的入場券。相反的，與我們親近的人有時候因為太熟悉而失去了距離感，變得不再有吸引力或驚喜。

熟悉可能讓人感到死氣沉沉，只是規律地一直做下去，沒有任何挑戰或新鮮感。

這也發生在我們對地方的經驗。我還記得到德國圖賓根的第一個晚上，我打算在那兒花四個多小時研究黑格爾，但是圖賓根的第一晚對我來說是完全陌生且未知的。那時候我心想：「今晚要在圖賓根好好看一看，因為你不會再有同樣的情境去看它。」我是對的，待了幾個禮拜之後，我已經認識到演講廳、討論室、販賣部和圖書館的路。在我從這個陌生的區域上規劃出路線之後，它變得熟悉了，很快的，我再也不是以它本身來看它。

人們很難喚醒他們內心的世界，尤其是當人們太熟悉於自己的生活時。他們發現在他們麻木的生活中，很難找到新奇、有趣、或刺激的事物。

雖然我們旅程中所需的東西都有了，然而在我們朦朧的靈魂世界裡，仍然存著極大的陌生感。我們應該要很熟悉我們含蓄的靈魂之光。

對於你的內在生命和獨處的深度與承諾有所醒悟的第一步，就是把你自己想成對自己心靈最深處完全感到陌生的人。決定把自己當成一個完全陌生的人——一個剛剛踏入你生命中的人——讓人有一種暢快的興奮感；這種冥想方式有助於打破自滿和熟悉的麻木鉗制。漸漸的，你會開始感受到你自己的奧祕和魔力。

你領悟到，自己不是死氣沉沉人生的無助主人，而是一個短暫的過客，擁有與生俱來的福氣和可能性——你無法創造或贏得它們。

身體是你唯一的歸處

人類的身體從泥土創造而來，這是很神奇的事情。人的個體是四種元素匯集之處，人類是自泥土形成的，活在空氣的媒介裡。可是血之火焰、思想和靈魂，能夠穿過身體，它的整個生命和能量匯流進水元素這個微妙的圓環裡。

我們來自於地下深處，想想還有數百萬塊泥土從來沒有機會離開這個地下世界。那些泥土無法從地底下冒出來成形，不能在陽光下展現自己，只能永遠待在未知的幽暗世界裡。凱爾特概念在這方面顯得非常優美：「**陰間不是一個黑暗世界，而是一個心靈世界**」。

在愛爾蘭一個古老的傳說裡，達南神族（被逐出愛爾蘭的凱爾特部落）現在居住在地底的世界，他們從那裡控制地面上的豐饒。後來，國王加冕之後，他和女神舉行了象徵性的婚禮。所以他所統治的區域包含了有草地、作物和樹木的山川大地，和萬物根源的地底世界。

這種平衡很重要，因為凱爾特是務農的鄉下人。這個神話和心靈的觀點，在潛意識層面深深影響了愛爾蘭人看待大地的態度。

山川大地不是物質，也不只是自然，或者應該說它喜歡被看見。風景是一種精神上的事物，每處曠野都有不同的名字，每個地方都有不一樣的事情發生。景色有它自己祕密、無聲的記憶，在它的敘述裡，從來不會漏掉或遺忘任何事物。在湯姆．墨菲的劇作《吉格里》中，不知名的男子喪失了這種對景色的感覺，於是也同時喪失了與自己聯繫的能力。

愛爾蘭風景的奧祕反映在各地所有的故事和傳說裡，他們有無數關於鬼魂和精靈的故事。在我們身旁，或許有魔法貓在看守曠野裡的古老黃金。我們可以在故事裡找到心靈世界的獨立性與結構的迷人交織。

人類的肉體就出自於這個地下世界，所以在你的身體裡，泥土找到了它之前從未發現的形式和外觀。就像造你的泥土從地底冒出來見到陽光是一種極致的恩典一樣，那同時也是一種義務。

在你泥造的肉體裡，被表現出來和被看見的東西是以前不為人知的，是從未在其他人身上出現或形成的。

套用海德格的話：「人類是存在的守護者。」我們可以說：「人類是泥土的守護者。」你代表一個乞求你為它發聲的未知世界。你所感受到的歡樂，往往不屬於個人的發展演變，而是屬於形成你的泥土。

有時候你會感覺自己被憂傷穿透，就像陰暗的迷霧籠罩著大地。這種憂傷足以使你麻痺，但阻止這種感覺的流動是個錯誤，更應該做的是，認清這種情緒是歸屬於造你的泥土，而不是你的心智。

明智的做法是，就讓這種情緒的天氣過去，它會跑到別的地方。我們太容易忘記，造我們的土擁有先於我們心智的記憶，它在形成現在的模樣之前就已經擁有它自己的生命。

無論我們外表看起來多現代化，我們依然古老，是那個造人之土的手足，我們每個人身上的不同奧祕都開始顯露出來。你需要仰賴古老光輝的照耀來成為真正的自己。

在本質上，我們有幸屬於大自然。身體知道這個歸屬圈，也渴望要它。大自然不會在心靈上或情感上放逐我們，人類的身體於是在塵世間找到了家。想法中的一個碎片，也許就是放逐我們的傷痛根源。

在泥土和想法之間的這種緊張關係，是所有創造力的源頭。知與未知，正是在我們身上古老與新穎之間的緊張關係。唯有想像力天生出自於這種節奏，想像力能夠但憑一己之力在這個極盛的過渡區間——各種分歧的內在力量所觸及的地方——找到方向。

想像力忠於公平正義的完整性，它不會從內在衝突裡選邊站，然後壓制或消除另一邊。它會努力在它們之間展開具有內涵和深意的對話，才能產生出新的東西。想像力喜歡象徵性，因為它知道，內在的神性唯有在象徵性的形式裡才能夠表現出來。象徵性從來不完全把自己曝露出來，它要的是想法，因為它就存在於黑暗的門檻上。

靈魂透過想像力去創造和建構你的深度經驗，想像力是內心世界最忠實的投射。

一個人不見得會孤單或孤獨，哲學家西塞羅（Cicero）說的好：「獨處時不怕寂寞。」一個人可以和他自己和諧相處，如果他的個體性被視為古老泥土的表現形式或聖禮。

當在愛和友誼中真正甦醒時，這種對泥土的內在感覺便可能漸露端倪。如果你十分了解你所愛的人的身體，你可以想像她的泥土在形成她之前是置於哪裡的。

你可以去感覺她泥土裡不同特性的混合：也許有些泥土來自於一座寧靜的湖畔，有些來自於孤單的大自然裡，更多的則來自於與世無爭的僻靜之地，我們從不知道人的身體裡匯集了多少個大自然的地方。大地景色不全是外在的，有些已經在不知不覺中進到靈魂裡，人類的存在融入了大地的氣息。

米列西安的首席詩人阿默金（Amairgen），在他代表自己的族人上岸奪取土地時，用一首詩道出了大自然的深奧和神聖：

我是吹拂海洋的風，
我是海上的浪潮，
我是波濤的呢喃，
我是歷經七戰的牛，
我是岩石上的禿鷹，
我是太陽的光束，
我是最美麗的植物，
我是英勇無比的野豬，
我是水裡的鮭魚，
我是平原上的湖泊，
我是知識的世界，
我是戰場上長矛的尖端，
我是創造出腦袋裡火焰的神。

在傳統上，大家相信這是第一首在愛爾蘭境內寫成的詩。詩的所有元素都反映出愛爾蘭早期文學的影子，這裡沒有二元論，一切都是一體。這首古詩率先反轉了笛卡爾「我思故我在」的孤單無助。對阿默金來說，我是因為一切而存在。這首讚頌存在的壯麗詩歌，略述了靈魂朋友經驗的存在論深度和一體性。

凱爾特的世界發展出對個體複雜性的深刻感覺，我們內在起衝突的地方往往是我們不同部分的泥土的記憶匯集之處，那裡的能量也許有時候是未精煉、粗糙或難以駕馭的。

認清我們的泥土本質，可能為自己帶來古老的和諧氣氛，它讓我們回歸到在意識將我們分開前所駐紮的古代節奏裡。這是靈魂可愛的地方之一，靈魂存在於分隔的空氣與融洽的大地之間的中間地帶。你的靈魂存在於你的身體和心智之間，它保護和維持著這兩者。

從這個原始的觀點上來說，靈魂是富有想像力的。

身體存在於靈魂之中

我們必須學習去信任自己間接的一面，你的靈魂就是你的心智和身體不直接的那一面。西方思想告訴我們，靈魂在身體裡頭。靈魂被認為困在身體裡某個特別的、小的和精緻的區域裡，它常被想像成是白色的。一個人死後，靈魂離開肉體，空虛的肉體便腐朽。這種對靈魂的看法是錯誤的。事實上，更古老的觀點認為，靈魂與身體的關係是與前項說法相反的——身體在靈魂裡頭。

你的靈魂比你的身體延伸得更長、更遠，它同時充滿在你的身體和心智裡。你的靈魂比你的心智或自我，擁有更精緻的觸角。相信這種朦朧的特點，我們才能在人類的探險中來到新的地方。但是為了好好活下去，我們必須懂得放手，我們必須停止強迫自己，否則我們永遠無法進入自己的歸屬圈裡。

我們內心都有一種古老的東西在運作、創新。事實上，為了培養對你自己心靈個體性的真實感覺，你不太需要任何東西。

絕對需要的東西之一是沉默，另一個是獨處。

獨處是人類心靈中最珍貴的東西之一，它與孤單不同。當你孤單的時候，你對於分離變得十分敏感。但對於你最深處的歸屬感而言，獨處可能就是歸處。

關於我們個體性最美好的事情之一，就是我們不能用同一個標準來看待。每個人身上都有某個點是絕對無法與任何事物及任何人接觸的，這很吸引人，也很令人恐懼。這意思是，對於我們需要從內在索求的事情，我們不能一直從外在尋找。我們所渴求的福祉，不會在別的地方或別人身上找到。這些恩惠要靠你自己施予，而它們近在眼前，就在你靈魂的暖爐旁。

在愛爾蘭西部，許多房子都有壁爐。你在冬天訪拜某人的時候，一路上都是荒涼、寒冷的景色，直到你終於來到火爐旁，而爐火的溫暖和魔法也正等著你。

草根火是一種古老的存在，草皮來自於大地，蘊藏著樹、荒野和早已不復存在的時光記憶。在家裡燃燒大地上的東西有點兒奇怪，我喜歡用火爐代表家的形象，因為家是溫暖、讓人回歸的地方。

在每個人內心的隱僻之地裡，就有一個那麼明亮、溫暖的火爐。無意間的想法，即使是個非常深刻、美妙的想法，有時候會令人害怕到不敢回到他們的火爐邊。

我們錯誤地把潛意識理解為，藏著我們所有壓抑和自我傷害的地窖。我們出自於自己的恐懼，想像那裡暗藏著一隻怪獸。

葉慈說：「人要有不顧一切的勇氣，才能下到自我的深淵裡探索。」事實上，這些惡魔並不是所有的潛意識。

我們靈魂的原始能量，為我們保留了美好的溫暖和善意。我們來到人間的理由之一，便是與我們自己——這個內在的友誼——產生聯繫。假如我們害怕不已，惡魔會一直糾纏著我們。所有典型的冒險神話，都把這些惡魔具體化了。在和它們的戰鬥裡，主角總是會成長，進步到創造和穩重的新階段。

每一個內心的惡魔都握有能夠療癒你和釋放你的珍貴福祉，為了得到這個禮物，你必須放下恐懼，並且冒著內心都會遭遇到的風險——失去和改變。

凱爾特人對於心靈的複雜性有著很棒的直覺性理解，他們相信各種神祇的存在。魯格（Lugh）是最受崇敬的神，他是閃耀的光與天賦之神，亦是古代 Lunasa 節（收穫節）名稱的由來。大地女神阿努是富饒之母；他們也承認消極與黑暗源自於上天。他們有三位戰爭女神：摩莉甘、尼曼和貝德。這些神在古代史詩《奪牛長征記》中扮演重要的角色。男神與女神常有地緣關係，樹木、泉水和河川都是神靈出沒的特殊地點。

古代的心靈絕不像現代的心靈一樣孤立、支離破碎。凱爾特人對山川大地的留心和尊重，貫穿了他們源於直覺的靈性。那是一種野外的靈性，由於大地所蘊藏的愛戀而充滿了激情。

在我們這個時代，靈魂的復原對於修復我們支離破碎的心靈來說是非常重要的。

從理論或心靈的角度來看，我們可以把與任何事物的隔絕理解為一個神聖不可侵犯的開口，不能被任何外物填補。然而，我們往往為了我們的所有資產、我們所做的工作、我們所秉持的信念，而瘋狂的去填補這個開口。

但是填補上的東西從來都留不住，它們會鬆脫，然後我們變得比以前更無力、脆弱。有時候你會知道，你再也無法粉飾這種空虛。你的內心感到疲憊，被迫不斷逃避，在流亡的路上找不到一個叫做「家」的地方，直到你真正聽進這個空虛的呼喚。自然即聖潔，但是做到自然是很困難的事情。**自然就是熟悉並發揮你自己的本質，如果你處在你自身之外，總是忘乎所以，就接收不到你自己奧祕的呼喚。**當你知道了獨處的健全性，並且逐漸了解它的奧祕，你和他人的關係便會呈現新的溫暖、精采和奇妙。

如果精神上的事物只是止住一個人心靈上的渴望的麻醉劑，那麼它就該受到質疑，那樣的精神事物是害怕孤單使然。如果你鼓起勇氣面對獨處，將會知道自己不必害怕；「不要害怕」這句話在《聖經》裡出現過三百六十六次。

在你內心隱僻地的中央有一個為你準備的位置，當你了解到這點的時候，支配你人生的恐懼大部分便消失無蹤。在恐懼被轉變的那一刻，你才能和你的自我和諧一致。

舞動的心智

獨處有很多種，有一種是受苦的獨處，你穿越在孤單、強烈和可怕的黑暗之中。連言語都無法形容你的痛苦，你的話在別人聽來漠不相關，也聽不出你真正所受的折磨。每個人都經歷過那種無助的時刻，庶民意識懂得這種時刻，而你一定要對自己十分和善。

我喜歡秋天裡玉米田的景象，當風吹過的時候，植株不會站得筆直去反抗風力，要是這樣的話，風會將它折斷。所以玉米株會隨風擺動，把頭壓得低低的。當風離開之後，植株又搖晃回來，重新找回自己的平衡點。

關於狼蛛有一種說法，它從不在兩個堅硬的東西（例如石頭）之間結網。如果它這麼做的話，網子會被風撕裂。

所以它的天性是在兩根草之間結網，當風來的時候，網子隨著草而壓低，直到風離去，然後它又回到原地，重新找到平衡點，再度保持均衡。我們的心智若能找得到自己的節奏，才能產生這些美麗的景象。

我們對自己的心理施了太多、太可怕的壓力。當我們把自己的觀點或信念變得僵硬或麻木時，會失去庇護所、歸屬圈和保護地所必需的柔軟度和彈性。有時候，照顧你的靈魂最好的方式就是讓那些使你的心智僵化、麻木的觀點，再度恢復彈性，因為那些觀點令你疏離自己的深度和優點。

創造力似乎是需要有彈性和適當的緊繃性。以音樂來說，小提琴在這裡的形象是樂器，琴弦如果調得太緊會斷掉。當調得剛剛好的時候，小提琴能夠承受巨大的力量，產生最強大且最柔和的音樂。

美存在於被忽略之處

唯有在獨處中你才能找到對自己美的感覺，被天堂的藝術家送到這裡的每個人，都有帶有神性之美的深度和光芒。這種美往往被隱藏在日常工作的單調表象之後，只有在你獨處時，才能顯現你自己的美。

在康尼馬拉有許多漁村，那兒有句俗話說：「在意想不到和注意不到的地方，你才會找到龍蝦。」在你避世的獨處中注意不到的縫隙和角落裡，會發現你一直在別處尋找的寶藏。關於美，美國文學家艾茲拉・龐德（Ezra Pound）也說過類似的話：「美喜歡避開公眾的眼光，它想找到一個被忽略或遺棄的地方，因為它知道，只有在那裡，它才能遇見再現它的外形、高尚和本質的光芒。」

每一個人的內在都有種深刻的美。現代文明著迷於修飾性的完美，美被標準化了，它變成一種可販售的產品。在真實的意義上，美是照亮你靈魂的明燈。

靈魂裡有一盞燈，在你獨處時為你照亮。獨處不必是孤單，它能夠察覺到它散發著光輝的溫

暖。靈魂能夠挽回和轉變一切，因為靈魂是神聖的空間。當你完全沉浸於獨處之中並體驗孤獨和遺棄的極端時，你會發現，它的核心既不孤單也不空虛，而是親密和保護。

在獨處時，你往往比在社交生活或大眾世界裡更靠近歸屬感親密關係的核心。在這個階段裡，記憶是獨處的好朋友。

當獨處成熟時，便開啟了記憶的收穫。對此，沃茲華斯在他回應黃水仙的記憶時簡潔地表達：「我常常躺在沙發上，放空或沉思，它們閃現在內心的眼中，那是獨處的祝福。」

你的人物、信念和角色，事實上是度過日常生活的技術或策略。當你做自己的時候，或者當你在午夜時分醒來之時，內心真正的認知會浮現出來，漸漸感覺到靈魂的祕密平衡。

當你經過內心的遊歷到達天堂之後，外在的距離便消失了。諷刺的是，你對你內心歸屬圈的信任，會徹底地改變你的外在歸屬圈。除非你在獨處中找到歸屬圈，否則你的外在渴望會一直存在且緊迫。

內心有一個始終歡迎你的地方，艾克哈特大師揭示了這一點。他說，靈魂裡有個不是空間、時間或肉體可以觸及的地方，那是我們內心的永恆之境。

對你來說，能夠常常去到那兒是一種美好的禮物——得到滋養、力量和更新。你所需要的最深刻的東西不在別的地方，它們現在就在你自己的靈魂圈裡。真正的友誼和聖潔令一個人常常來到他獨處的火爐邊，這種恩典能夠吸引同樣有福祉的人靠近他。

思想是我們內在的感官

我們在世界上的生命是受限於時間的，所以我們的期望具有創造力也有建構力。如果你預期在自己內心找到的不外乎你以往的壓抑、遺棄和羞恥元素或糾纏不休的渴望，那麼你所找到的只會是空虛和絕望。

如果你不帶著具有創造力的期望之眼進入你的內心世界，你在那兒便永遠找不到任何東西。你看待事物的方式是塑造人生最強大的力量，從這麼重要的意義上來說，認知就是現實。

現象學已向我們證明，所有的意識都是某個東西的意識。世界不單純是在我們本身之外而已，我們的意念會建構它。大多數情況下，我們以十分自然的方式建構我們的世界，甚至沒意識到自己每一刻都在做這件事。

看起來，建構的相同節奏也在內心運作。我們的意念建構了內在世界的風景，也許現在是輪到靈魂現象學的時候了。

靈魂創造、塑造和安居在內心生活裡。通往我們最深處自我的道路，並不是透過機械性的分析。我們需要傾聽靈魂，並且用詩和神祕主義的形式來明確地表達出它的智慧。靈魂容易被當成只是裝載我們疲憊和挫折的分析能量的容器，但是值得記住的是，自古以來，靈魂具有深度、危險和不可預測性，正是因為它被視為我們內在的神性。如果我們將靈魂和聖潔切割開來，它會變成無害的密碼。

喚醒靈魂也就是遊歷到邊界，在那兒向相異性驚人且迷人的奧祕折腰。

我們看待事情的方式和我們實際上的發現之間，有一種非常密切的關聯。如果你能夠學會以溫和、創造性和大膽的方式來看待你自己和你的人生，會不斷地驚訝於你所發現的。

換句話說，我們從未完全或純粹地滿足任何事物。我們透過想法的透鏡來看待每一件事，你思考的方式會決定你實際上的發現。對此，艾克哈特大師精闢地說道：「**思想是我們內在的感官。**」我們知道，當我們的外在感官受損時，我們眼前的世界便立刻變得微弱。

如果你的視力不佳，世界會變得一片模糊。如果你的聽力受損，你鍾愛的音樂或聲音會被悶悶的寂靜取代。相同的道理，如果你的思想受損或呈現負面或衰弱狀態，那麼你會發現，你的靈魂裡便不存在任何豐富或美麗的事物。思想是我們的內在感官，一旦我們任它貧瘠、荒蕪，那麼我們的內在世界便永遠不可能變得富饒。

所以，如果我們想更全面地迎接創造力，就必須更有勇氣地揮發想像力。

你透過想法而與你的內在世界產生聯繫，如果那些想法並不是你自己的想法，那它們就是二手想法。我們每個人都需要學習自己靈魂的獨特語言，在那種特別的語言裡，我們會發現使我們內心世界明亮、發光的思想透鏡。

杜斯妥也夫斯基說，許多人終其一生也沒發現自己內心的自己。**假如你害怕獨處，或者假如你只用堅持己見或缺乏創造性的想法來面對獨處，那麼你永遠也進入不了自己的內心深處。**

當你准許內在的光輝喚醒你，那會是你生命中一個極大的成長轉捩點，那也許是你第一次真正看到真實的自己。你存在的奧祕絕對不會降格成你的角色、行為、自我或形象。你是一個永恆的實體，這就是你在這裡的古老原因。看見這個實體的第一眼，便是你即將和自己的命運以及一直照拂你的生活和道路的上天走向和諧之時。

自我發現的過程並不容易，也許牽涉了痛苦、懷疑、沮喪。但是我們絕對不能為了企圖減輕痛苦而畏縮，不敢充實自我。

隱世苦修

隱世苦修非常困難，你過著隱居的生活去明確地認清你是誰、你在做什麼，和人生會在何時結束。十分嚴守這個規範的人是嚴肅的冥想者。當你到某人家裡拜訪時，進入屋子的門、門檻，那裡沾染了許多發生於門檻上的歡迎和告別的氣息。

當你拜訪某個幽靜的修道院時，沒有人在門口接見你。你走進去，按門鈴，然後有人來到護欄後接見你。這些很特殊的房子裡收留的是獨處的倖存者。他們放逐自己遠離外在的世俗崇拜，孤注一擲地探索感官無法在那兒得到歡愉的內心空間。

隱世苦修發生於沉默的寂靜氛圍裡，沉默是現代文明中最大的受害者之一。我們生活在一個熱切和視覺侵略的時代，對外在形象的感官知覺是一切的取向。文明變得比任何時代都更均質化、普世化的結果是，形象擁有的力量非常強大。

一切不斷交織的情況下，被選擇的形象可能立即變得普及起來。精心和強大的算計所造成的現代混亂深藏在我們內心的沉默之中，而且完全被忽略。我們的心智在表面上持續受到形象的大力誘惑，一股惡意的驅逐力量一直在將人們的生活往外拉，靈魂的內在世界遭受廣告和外在社會現實之力的大力驅趕。這種驅逐力使人疏離自己的內心，讓我們變得很貧乏。

世界上有這麼多人在承受壓力的原因之一，並不是他們在做有壓力的事情，而是他們沒有時間讓自己靜下來。擁有沉默和空間的獨處，才能讓人收穫豐富。

沉默是世界上做事情的主要起點之一。

沙漠之父（沙漠僧侶）的精神深深影響了凱爾特精神。對這些苦行者而言，沉默是他們的老師：「一位兄弟來到斯基提摩西（Moses in Scete）面前，想從他口中得到一句話。然後老人跟他說：『去待在你的修道室裡，它會教導你一切事情。』」

凱爾特世界總能看清沉默和未知是人類旅程中最親密的夥伴，創造對話空間的相遇與告別充滿了祝福。

在《奪牛長征記》裡，艾默爾送給古庫蘭一個美好的祝福，她說：「願上天保佑你的道路。」意思是，我在向右轉的戰車上護佑你；右邊是太陽的方向，會吸引好運。

隱藏在凱爾特詩歌和祈禱文背後的概念是，詞語是從深層、虔敬的沉默中浮現出來的。這種對獨處和沉默的見解，純化和強化了兩個人在靈魂朋友經驗中的相遇。

基本上，許多的沉默都能滿足語言，所有的詞語都來自於沉默。具有深度、共鳴、療癒和挑戰性的詞語，是帶有苦修者沉默的詞語。

認不清它與現實親密關係的語言，是陳腐、膚淺且全然鬆散的語言。

詩歌的語言出自於沉默，回歸於沉默。在現代文明裡，對話是受害者之一。通常當你和別人說話時，所聽到的一切都是表面陳述或概況。聽到別人講他們自己的事情或與他們角色有關的外在工作，那種感覺是相當濃烈的。

每個人每天都會接收到新的想法和意想不到的感覺，不過在我們的社交接觸和習慣用來描述自己的方法中，那些想法和感覺並不受歡迎，也沒被表達出來。這樣的結果頗令人失望，因為，我們所承襲的最深刻的東西，是以有意義的對話為橋樑而來到我們這裡的。

凱爾特傳統原本是一種口述傳說、故事、詩歌和祈禱文，在人們的記憶和聲音裡流傳了好幾世紀。這麼豐富的記憶收穫，有助於將他們的認知和對話化為優美的詩詞。若沒有記憶的存在，對話會變得健忘、重複和膚淺。當認知在處理記憶和經驗時，它是最強大的，它使對話變成真正的探索。

真正的對話具有不可預測性，危險和共鳴，它可能在任何一個地方突然轉向，而且不時觸及無法預料和未知的領域。真正的對話並不是要建構一個孤僻的自我，而是要創造溝通。我們現代的對話，絕大部分都像蜘蛛發狂似的在編織一個置於它自身之外的語言網。

我們磕磕巴巴的長篇大論，只是強化了我們的孤立感。大眾對沉默缺乏耐心，但沉默就在語言浮現之處，或是兩句話之間的地方。當我們遺忘或忽略這種沉默時，也把我們世界裡的祕密和微妙的存在掏空了。於是我們不再能夠與死者或缺席者對話。

沉默近似於神聖

艾克哈特大師說過，世界上沒有什麼比沉默更像上帝。

沉默是靈魂的好朋友，它揭露獨處的富庶。我們內心的沉默很難達到那樣的品質，你必須給它一些空間，它才能開始為你運作。從某種意義上來說，你並不需要治療、心理學或心靈療程的整個寶庫。

如果你信任自己的獨處，而且有所期待，你所需要知道的一切自會向你揭露。對此，法國詩人勒內．夏爾（René Char）說道：「強烈是沉默，但它的形象不是。我喜愛所有令我眩目並且突顯出我內心黑暗的東西。」沉默在這裡的形象是強而有力的，能夠揭露隱藏的深度。沉默近似於神聖。

真實友誼的功能之一，是熱情和具創造性地傾聽隱藏起來的沉默。祕密往往不會在言語間揭露，它們隱密地藏在話語之間的沉默裡，或兩個人之間不易表達出口的深淵。

在現代生活中，大家都急著表達，有時候表達內容的品質既膚淺又不斷重複。我們需要對沉默有極大的包容力，富庶的沉默是我們最有共鳴的語言的來源。從兩個人之間沉默的特質和隱蔽性之中，你看得到友誼的深度和本質。

當你開始和內心的沉默結友時，首先會注意到的事情之一，就是你心中表面上的談話。一旦你認清這一點，沉默就加深了。在你給自己的形象和你自己深層本質的形象之間，開始有所區別。有時候，我們精神上所產生的大部分衝突與我們的深層本質無關，而是與我們所建構的虛假表象有關。

然後，我們從文法和數學上努力研究這些表面形象和地位是怎麼彼此產生關聯的，但同時我們深層的本質仍未被注意到。

靈魂暖爐前的眾人

個體性絕不是單純或一元性的，它往往像是一個人心裡的眾人。希臘人相信，當你在夜間做夢時，夢裡的人物就是離開你身體的各種特質，走進夢境裡展開它們各自的冒險，然後在你甦醒前回來。

在人類心裡的最深處，不存在單純、單一的自我。在我們內心深處有一群不同的自我，每一個都表達出你本質中不同的部分。有時候它們會相互矛盾，起衝突。如果你只是從表面程度解決這些衝突，這有可能開啟內在的長期爭鬥，終其一生糾纏著你。

所以，看到痛苦分離的人們處在永久戰爭區裡，永遠無法來到深處的親密火爐旁，在那裡，這兩股力量不是敵人，而是一個歸屬圈裡不同的兩個陣營。

我們在內心最深處的冥想中所遇到的好幾個自我，我們無法用行為具體表現出來。但是若不曉得這些無數個自我的存在，我們的存在便會嚴重地被削弱，我們通往奧祕的路徑也會被阻塞。我們在此談論的是想像力及其豐富性，然而，我們太常將想像力降格為一種解決問題的技巧。

對於奇妙的自我複雜性，我們需要培養出新的感覺能力，我們需要適合那種複雜性的思想模式。當人們發現他們自己的複雜性的時候，會開始害怕，在二手思考的錘擊下，他們把這個豐富的內在景象錘打成單調的景象。然後他們讓自己符合這個景象，他們願意配合它；他們不再是鮮活的存在，即使對於自己而言也是一樣。

矛盾是我們的寶藏

複雜最有趣的形式之一是矛盾，我們需要在靈魂裡重新找到做為創造力的矛盾。

從亞里斯多德開始，西方思想的傳統認為矛盾是不可能的存在，於是把它劃分到錯誤與不合邏輯的類別裡。但唯有黑格爾具有獨到的見解、敏銳度、接受度，承認矛盾是成長中一股複雜的力量，那股力量否定單純的直線進程，如此才能喚醒所有的經驗能量。

正是人們內心對話的騷動和衝突帶來了健全的改變，而不只是取代一個形象、表象或系統等，就被誤認為是改變。這個觀點可能促成與真相有關的更複雜的概念。它需要一個真實性的道德標準，包含且超越了最單純化的真誠意圖。

我們對自己內心的衝突必須有更多的耐心，才能讓它以不同的面向和我們的內心產生對話。

衝突裡有一道神祕的光和重要的能量，有能量的地方就有生命和成長。你苦修的獨處，會讓矛盾帶著澄清和力量一起浮現出來。如果你對這種能量保持忠誠，便會逐漸進入藏得比任何矛盾還深的和諧之中。這會給予你新的勇氣去應付人生中的深淵、危險和黑暗。

令人驚訝的是，我們會拚命抓住使自己過得不幸的東西。我們的負傷變成一種反常的快樂的來源，並且決定了我們的身分。

我們不想被治癒，因為那表示要進入到未知的境界裡。

我們往往看似無可救藥的對負面的事情上癮，而所謂的負面，通常是矛盾的表面形式。然而，我們維持這種表面的不幸，只是在拖延一開始具威脅性但最終是救贖和療癒的轉變，而這種轉變是經由處理我們內在的矛盾所產生的；因此，我們需要重新評估我們所認為的負面事物。

詩人里爾克（Rilke）說，**困境是靈魂最好的朋友之一。如果我們在遇到負面事情時能夠像遇到愉快、美好的事一樣接受它，那我們人生的豐富性將無可限量。**雖然我們想避免負面的事情，但所用的方法只是助長它一再發生。我們需要新的理解方式，並且將負面之事整合起來。負面之事是你命運最親密的朋友之一，它包含你所需要、而且在別處都找不到的精煉能量，它就是讓藝術大放異彩的祕密。

藝術的經驗能夠幫助你利用負面的事情來建立具創造性的友誼。當你站在康丁斯基（Kandinsky）的畫作前，你就像是進入了色彩的教堂，矛盾的儀典是那麼的流暢和壯觀。當你聆聽瑪塔．阿格麗希（Martha Argerich）演奏拉赫曼尼諾夫的「第三鋼琴協奏曲，D小調，作品30」時，你會感受到，在每一個以威脅和考驗構成的華麗均衡點上，矛盾的力量得到解放。

如果你了解那並不是壞事，你只能和負面之事和睦相處。

道德似乎往往是成長的敵人，我們誤以為道德規範是靈魂的方向和義務，但是，道德哲學中最好的思維告訴我們，那些規範只是指示牌，警示著潛伏在根據我們決定所產生的結果中的複雜價值。道德規範鼓勵我們的行為要正直、憐憫和公平，但是它們絕不是一種操作說明，因為每個個體和情況都是不一樣的。當我們發現某種不道德的事情，通常我們會嚴以待己，用道德去整治它。但是這麼做，我們只能保證它被鎖在我們內心的某個地方。我們只不過是證實了對自己的負面觀點，卻忽略了成長的潛力。

靈魂有一個自相矛盾的論點：如果你試著避免或除去不佳的特質，它反而會一直糾纏你。事實上，化解那種焦慮最有效的唯一方式就是去轉變它，讓它變成有助於使你成為真正的你的創造性和正面事物。

負面事物有一個激勵層面，那便是其真實性。負面事物不說謊，它會很清楚的告訴你，你欠缺什麼條件，而不是你已經具備什麼條件。

在進入獨處時，第一個引起你注意的就是負面事物。尼采說，他生命中最好的時光之一，是當他的負面特質全部重新洗禮成他最佳特質的時候。這種洗體並非排除第一眼很排斥的事物，而是讓它與你的人生結合，形成一個和諧的關係，這是你自我糾正工作中緩慢且艱難的一部分。**每個人的心裡都有某些難以操縱、令人不安和負面的特質或氣質，和善的面對那些特質便是你神聖的任務之一。**從某種意義上而言，你是你不良特質的慈祥父母，你的慈愛會逐漸化解它們的負面性，減緩它們的恐懼，幫助它們了解你的靈魂是一個家，對於一個固定且受到限制的身分並不存在批判或熱切的追逐。

負面性對我們的威脅如此強大，正因為它是邀請我們進入我們小小的腦袋完全抗拒的藝術——同情和自我提升——的入場券。家是你的憧憬，你的家應該是能為你的原始神性提供許多庇護的地方。

這樣的融合尊重內在自我的多元性，它不強迫那些多元的特性結合成一個不自然的整體，它允許它們凝聚在一起，而且每一個都帶著它獨特的相異性往和諧的方向前進。

這個自我糾正的節奏需要你在人際關係上，無論內在或外在，都要有寬宏的胸襟和冒險的精神。這個領域——如耶穌告戒世人時所說，愛你的敵人——也許不容易。我們應該在選擇「對手」時，要非常小心。**一個甦醒的靈魂，只應該有值得的「對手」——它們揭露你的負面性，挑戰你的可能性。去愛你的對手，就是去贏得怨恨和威脅背後的自由。**

靈魂崇尚和諧的整體

當你決定去練習內在的接受力時，自我折磨便停止了。被遺棄、忽略和負面的自我，變成一個無接縫的整體。靈魂既明智又敏感，它知道整體能孕育出歸屬感，靈魂崇尚和諧的整體。被你分開的，靈魂會幫你接合起來。

當你將感受延伸、加深時，你的記憶會變得豐富且複雜。你的靈魂是記憶、選擇、轉換的領袖，最終會將你逝去的日子聚集起來，迎向現在。這種記憶的儀式——也就是回憶——一直在你內心運作。

人類的獨處是富庶的，而且具有無限的創造力。

獨處的本質主要是沉默，愛爾蘭智慧對此有優美的表達：「山嶺永遠無法相會，但人們可以。」兩座山可以肩並肩地並存數百萬年，但是永遠也無法彼此交會，這不是很奇特嗎？然而，兩個陌生人可以下山到山谷裡相會，分享他們內心的世界。這種分隔必定是大自然最孤單的感受之一。

海洋是人們最喜歡看到的風景之一，海岸是思緒流暢的舞臺。每當思緒糾結時，在海岸邊散步、讓海潮的節奏進入你心中是很舒壓的。海洋能化解心中的糾結，什麼樣的糾結都能被打開，恢復成原來的樣子。

錯誤的分隔得到解除、釋放和癒療，儘管海洋永遠無法看到自己。即使是讓我們看見一切的陽光，也無法看到它自己，陽光是盲目的。在海頓（Haydn）的《創世紀》裡，男人和女人的天命正是稱頌和完成神的創造。

我們的獨處是不一樣的，相較於大自然和動物世界，人類心中有一面鏡子，這面鏡子收集每一個映象。人類的獨處並不寂寞，人的獨處深處是一個極親切又緊張的地方。

當你激動地向外伸出手，以你的外在形象或角色來尋求庇護的時候，實際上你正走向放逐。當你耐心地、默默地回歸自我的時候，你才是走進歸屬感中的一個完整個體。

除了你以外，沒有人能夠感受到隱藏在你獨處之中的永恆與深度，這是在個體性上孤單的事情之一。唯有面對與正視你的恐懼，才能在心裡達到一種永恆的感覺。在孤單中，恐懼才是真正的孤單元素。

除了你以外，沒有人能夠進入與你如影隨行的你的內心世界，你是它的看守人和入口。除了你以外，沒有人能用你看待它的方式去看待它。除了你以外，沒有人能夠用你感受人生的方式去感受它。

當你拿自己和別人比較的時候，你是在邀請嫉妒進入到你的意識裡，它會是個危險又具破壞性的客人。在一個甦醒的生活或心靈生活中（也就是說，要找到它獨特的語言、觀點和歸屬感的節奏的生活），這是促成極大緊張的原因之一。維持對生活的忠誠，需要不斷的力行和持續更新的憧憬。

如果你試著用別人給你的透鏡來看自己，你所看到的都是扭曲的畫面，你的光芒和美麗會變得模糊、難看和醜陋，你對內在美的見解必須是一種私人的事情。

祕密與神聖有很親近的關係，我們的時代已然喪失了神聖感，因為我們對祕密的尊重完全消失了。我們現代的資訊技術是摧毀隱私最大的推手之一，我們需要保護我們內心深處所保留的東西，這就是現在生活這麼迫切需要靈魂語言的原因。

靈魂是含蓄、害羞的，渴望靈魂的語言，表示靈魂已經被迫退回到私有的領域裡；只有在那裡，它才能注意到它自己的特質和節奏。

大聲疾呼自給自足主義的現代世界已然否定了靈魂，極力排斥它的存在性。

找回靈魂害羞的感覺，也許是與你內心深處的靈魂生活重新取得聯繫的方法之一。雖然要一個人害羞也許很難，但那是一種頗迷人的特質。

尼采給了世人意想不到的建議，他說，讓別人對你感興趣最好的方法之一就是臉紅害臊。害羞的價值——神祕及含蓄——與許多現代邂逅的輕率急躁截然不同。

如果我們要和我們內在生活有所聯繫，我們必須學習不要從一個直接或反面的方向去試圖抓住靈魂。換句話說，許多現代心理學和心靈學的霓虹意識會讓我們感到靈魂的空虛。

邁向無干擾的心靈世界

在農場上，你學會尊重大自然，尤其是它黑暗的地底世界的智慧。

當你在春天播種時，把種籽交付給土壤，土壤會做好它的工作。干擾它黑暗的節奏和智慧，只會造成破壞。星期二，你開心地在一排排的洞裡撒下馬鈴薯種籽。星期三，有人跟你說你在種籽上覆的土太厚了，這樣沒辦法收成。所以你把馬鈴薯種籽挖出來，然後覆上薄薄的土。到了下星期一，一位農業顧問說這種特殊品種的馬鈴薯種籽的間距應該更近些，所以你又把它們挖出來，種得靠近一些。如果你一直像這樣在菜園裡挖來挖去，它們便永遠無法成長。

身處饋乏的現代世界的人們，總是在他們的心土上挖來挖去。他們有新的想法，新的計畫，新的症候群，於是造成他們現在的樣子。他們發現劃出新傷口的舊記憶，一次又一次、持續不懈地挖走他們的心土。

舉例來說，我們在大自然裡不會看到樹嚴肅地從治療的角度去分析它們的根系統，或是在它們從地底下冒出來之前必須避開的地下硬質物。**每一棵樹同時往兩個方向生長，樹枝和樹根都需要體現它野性的渴望，所以一邊往黑暗伸去，一邊往陽光伸去。**

負面的反省會損傷靈魂，許多人年復一年的身陷其害，但諷刺的是，人們卻從未想要改變。讓靈魂在你的夜生活裡執行它祕密的工作，方是明智的舉動。你也許很久沒遇到過攪動內心的事情，也許對悄悄發生於內心的祕密成長只有些微的感覺，但這樣的感覺就足夠了，我們應該感到滿足。

你無法用自我分析的微弱光芒來挖掘靈魂，內心世界從不輕易揭露自己。也許分析並不是進入你內心黑暗的正確方法。

我們都有創傷，需要照料它們，讓它們癒合。對此，黑格爾曾說：「心靈的創傷在癒合後不會留下疤痕。」每種創傷都有其療方，但是療方都在我們本質中、間接的非分析層面等待著。我們需要留意我們哪兒受傷了，才能請求我們內心深處、在其夜世界裡的靈魂去療癒那個創傷組織，恢復原狀，然後引導我們重新成為一個整體。如果我們以迂迴、親切的方式靠近我們的傷痛，它會癒合。具創造力的期待為你帶來療癒和復原。如果你能夠信任你的靈魂，你會得到每一個所需要的祝福。

生活本身就是一場偉大的聖禮，透過這場聖禮，我們受傷，然後復原。也唯有經歷過一切，生活才會確實可靠。

虛度生命是最大的罪過之一

西方的傳統教育教導我們許多與負面和罪惡本質有關的東西，但從不告訴我們，虛度生命是最大的罪過之一。

我們被送到這個世界上，盡情活出在我們內心甦醒和迎面而來的每一件事。看著一個人瀕死時充滿悔恨，聽他訴說若能多活一年他會怎麼去做他一直想做、但以為自己直到退休才有可能去做的事，那種感覺很孤單落寞；而他一直拖著不去做他心裡夢想的事情。

很多人並未過著他們一心想要的生活，許多阻止人們迎向自己真正命運的東西都是虛妄。那只是他們心裡的想像，而不是真正的障礙。**我們絕不允許我們的恐懼或別人的期待為我們的命運設下界限。**

我們的優勢是我們仍然有時間，我們擁有一輩子的時間，如果受到恐懼和虛假障礙的限制，就實在太可惜了。

西元二世紀的傑出哲學家及神學家愛任紐（Irenaeus）說：「當人圓滿活著，就是上帝的榮耀。」想像真正的盡善盡美便是一切的美、整體性、創造力、黑暗和負面性都呈現和諧的狀態，那是多麼美好的事情。上天賜給人們熱情的創造力和本能去實現圓滿的人生，如果你允許自己成為真正的你，一切才能歸於和諧。如果你過著自己喜愛的生活，便會得到保佑和幸福。

有時候，**不幸福是因為我們並未過著自己喜愛的生活，而是過著別人期待我們去過的生活。**我們違背了自己天性所認可的事物，人生失去了平衡。

每個靈魂的模樣都不一樣，每個人都有各自的命運。當你努力複製別人做過的事情，或強迫自己套用某個現有的模式，就背叛了你的個體性。我們需要回歸到內心的獨處，去找到待在靈魂暖爐旁的夢想。我們需要像孩子接近發現的門檻時所懷的好奇心那般去感受夢想。

當我們找回孩童般的本質時，便進入到含有可能性的世界裡。然後，我們會發現自己更常到那個地方去，那個輕鬆、愉快、歡樂的地方。我們的表裡和諧一致，我們的泥身漸漸學會在這個壯闊的大地上優雅的行走。

獨處的祈禱詞

願你識得你此生中靈魂的存在、力量和光輝。

願你明白你從不孤單，
你的靈魂帶著光明和融洽，將你和宇宙的節奏親密地聯繫在一起。
願你尊重你自己的個體性與差異性。
願你明白你靈魂的模樣是獨特的，你在這裡有著特殊的命運，
在你生活的表象之後會發生某種美麗、善良、永恆的事情。
願你學會用上帝看你的愉快、驕傲和期望的眼光，
每一刻都這麼看你自己。

4 工作是富有詩意的成長

眼睛欣賞動靜之美

人的眼睛在欣賞動靜之美時，連最細微的顫動都能夠注意到。當它看著海上的浪潮奔來，在岸邊起舞時，那是它最享受的時刻之一；眼睛也喜歡光線移動的模樣，像看著躲在雲後的夏季陽光緩緩地灑滿整片草地；眼睛隨著風的方向，看它吹拂樹葉，搖晃樹木。人的眼睛總是被移動的東西吸引。

你在小的時候會想學爬行，然後是走路；等你長大之後，你有更進一步的慾望想獨立、自由的走路。

每個有生命的東西都在運動，我們把這種運動叫做成長。最令人興奮的成長形式並非生理的成長，而是一個人靈魂和生命的成長。人心最深處的希望是，這種運動不要被打斷或受到阻撓，而要順利地發展，成為生命中的節奏。

時間的祕密核心是改變和成長，每一個在你內心甦醒的新經驗，都能充實你的靈魂、加深你的記憶。人類是遷徙的動物，從這個地方遊歷到下一個地方，體會截然不同的經驗。靈魂在每一個新的經驗裡展開另一個面向，難怪自古時候起人類就被理解為漂泊者。

在傳統上，這些漂泊者穿越他人的領域和未知的地方。俄國劇作家和思想家史坦尼斯拉夫斯基（Stanislavsky）說：「**最長和最刺激的旅程，是人們內心的旅程。**」

人的靈魂中有美麗的成長複雜性，為了了解這一點，我們可以把心靈想像成高塔上的窗戶。可悲的是，許多人一直停留在一扇窗戶旁，每天用相同的方式看著相同的風景。

真正的成長是，當你離開那扇窗戶，轉身走向內心的靈魂之塔，看到所有不同的窗戶在等著你向外窺探，然後你有所體會。透過這些不同的窗戶，你可以看到可能性的新景象。

自滿、習慣和無知，往往阻礙你去感受生活；這在很大程度上取決於視野的框架——你所看出去的那扇窗。

成長就是有所改變

在充滿詩意的成長中很重要的一點是，去探索怎麼讓可能性和改變保持對我們的忠實。它們開啟我們內心新的深度，它們持續的內在運動使我們意識到隱藏在生活表象背後的永恆。

每一個生命——無論從外表看起來有多麼晦暗或徒勞——在它的深處一直都存在著某種永恆的東西。這是改變和可能性與成長協力合作的祕密方式。約翰．亨利．紐曼（John Henry Newman）對此優雅地道出他的看法：「**成長就是有所改變，完美就是常常有所改變。**」因此，改變不一定是險惡的，它也許會使我們的人生更完美。完美並不是冷酷的圓滿，也不是為了保持靈魂的純潔或意識的澄淨而去避免風險和危險。

當你坦然面對成長的風險和矛盾，你就是在經營你的人生。靈魂喜愛風險，唯有風險那扇門才是成長能夠穿越的門。德國詩人賀德林（Hölderlin）寫道：

雖然靠近

但卻難以了解上帝。

危險存在之處，
救贖也在成長。

就在我們稱之為日子的時間裡，可能性和改變成了成長。我們都在過日子，這種節奏造就了我們的生活。上天給予你每個嶄新的一天，那就是你的生活。

出色的波蘭詩人塔德烏什・魯熱維奇（Tadeusz Różewicz）形容寫一首好詩的困難。作者一直寫、一直寫，但收穫微乎其微。然而，魯熱維奇引用一句古老的格言：「**好好的過一天，比寫一本書還難。**」一天的時間是很珍貴的，因為每一天都是你整個人生的縮影，每個新的一天都提供給你前所未見的可能性和指望。**以值得的方式去應付你新的一天的可能性，便是誠實面對人生中滿滿的可能性**，每一天都不一樣。

在《啟示錄》裡，上帝說：「以前的世界已經過去了……瞧，我創造了新的萬物。」新的一天使已經發生的事情變得更鮮明，也呈現出驚奇、意想不到和創意的東西。你也許想改變你的人生，你也許在接受治療或信奉宗教，但是憧憬直到你實踐的那一天之前，都是紙上談兵。

重視每天的價值

凱爾特精神對於每一天的重要性和神聖都有強烈的感受。凱爾特人從不用麻木的態度來迎接新的一天，他們把每一天都視為新的開始。

一位可愛的凱爾特祈禱者把日子視為上帝的禮物，他將這種態度表達得很清楚，在詩裡充滿了對這個憧憬的比喻。他祈禱人的眼睛能夠「所見皆有福」，神的視線能夠守護和引導每一天。日子被理解為擁抱上帝、自己、他人和大自然的自我祝福的時間。

在每個嶄新的一天裡
請上帝賜予我福氣
那就是保佑你自己的存在，偉大而榮耀的上帝。
請祝福我的眼睛
願我的眼睛所見皆有福
我願祝福我的鄰居

願我的鄰居祝福我。
請上帝賜予我一顆澄淨的心
別讓我離開你的視線
請保佑我的孩子和妻子
請保佑我的財富和牲口。

就凱爾特人而言，新的一天就是在大自然裡過生活。當你活在那個叫做大自然的偉大神性裡，你對新的一天很容易產生創意的感覺。對於凱爾特人來說，自然不是物質，而是一種精神上的存在，它散發著光輝，具有深度、可能性和美感。

古老的詩歌《鹿鳴頌》，對日子懷有美麗的祈願：

今天我的出現
是憑著上帝力量的引導，
上帝的強大力量支持我，
上帝的智慧指引我，

上帝的眼睛先為我看，
上帝的耳朵傾聽我，
上帝的話對我說，
上帝的手守護我，
上帝的道路呈現在我面前，
上帝的盾牌保護我，
上帝的主宰從拯救我避開惡魔的陷阱，
邪惡的誘惑，
和每一個希望我遭殃的人。
祂既遠在天邊，也近在眼前，
祂既是唯一，也是多重。

這首詩清晰的闡釋了凱爾特人認知中無所不在的上帝，甦醒的行為被視為一種贈禮。在新的一天開始的時候，沒有傲慢自負，只有對祈禱的渴望。本詩以細微的感官知覺將上帝描繪成「靈魂朋友」，在每一個時刻及每一種情況下，上帝都是親密、體貼和給予鼓勵的朋友。

把一天當做「神地」的這種概念，為一天所能帶來的創造性提供了很好的框架，你的人生變成了你所要過的日子的外框，日子進入我們的生活。可惜的是，在現代生活裡，日子往往是一個人可能喪失青春、能量和力量的籠牢。

人們常常感覺過日子像在坐牢一樣，正因為把時間都花在工作上。我們許多的日子和時間，都花在依然屬於外在創造性和感覺領域的工作上。要協商出自己屬意的地點可能很複雜及困難，我們大多數的人都在為別人工作，並且因此付出許多精力。事實上，精力的諸多定義之一便是工作的能力。

每天被關在籠子裡，使我們又累又疲倦。在城市裡，上班時的塞車讓那些還沒睡醒的人感到焦慮不安，壓力和緊張佔據了他們的生活。到了晚上，同樣的一批人在漫長一天的工作後變得疲憊不堪。回到家之後，已經沒有精力去想、去思考和感受一整天裡被忽略的事情。

剛開始的時候，很難把工作的世界和靈魂的世界聯想在一起。我們大多數人都是為了生存而工作，我們需要賺錢，我們別無選擇。另一方面，失業的人會覺得沮喪、自卑、失去尊嚴。而我們這些有工作的人，往往被包圍在可預測性和重複性的柵欄裡，每天過著同樣的生活，做著沒有特色的工作，我們所需要的是補充精力。

我們穿梭在職場裡，晚上一旦下班後，便被遺忘。我們常常覺得自己根據要求的付出只是功能性的，事實上幾乎不會有人感激。工作根本不應該是那個樣子，它應該是一個展現可能性和真實表現的舞臺。

靈魂渴望表現

人類深切渴望表現。呈現靈魂最優美的方式之一，便是透過思想。思想是靈魂內在快速交流的形式，在某種意義上，世界上沒有什麼東西的速度能夠比得上思想，它可以飛躍到任何地方，到任何人身旁。

我們的感覺也能夠迅速移動，不過，即便思想和感覺對我們而言是十分珍貴的，但我們仍然看不到它們。為了擁有真實的感受，我們需要將看不見的內心世界表現出來，每一個生命都需要表現的可能性。

當我們表現一項行為時，我們內在看不見的東西會找到一個形式表現出來；因此，我們的工作應該是讓靈魂享有能夠被呈現出來的地方。

隱藏在我們內在的未知、含蓄且珍貴的豐富性，可以浮現出來，成為可見的形式。我們的天性深切渴望，在所謂的工作中得到可能性和表現。

我在一座農場裡長大，家庭貧窮，每個人都有各自要負擔的工作。但是我很感激有人教我怎麼工作，從那時起，我能夠在一天的工作裡找到滿足感。當一天變了調，到了晚上我感覺仍未遇到沉睡在那天裡的許多可能性，便覺得沮喪。

在農場上，工作有清晰可見的效果。當你挖掘馬鈴薯的時候，會看得到你的收穫，菜園會讓你找到它埋著、栽培好的果實。當你在田野裡築牆時，就是為眼前的景象注入新的風貌。如果你在泥塘上鋪草皮，到了晚上，會看到所有的小草都立起來待乾。

在農場上可以找到許多滿足感，即使很辛苦，你仍然看得到工作得到很大的回饋。在我離家後，進入了思想、寫作和詩歌的世界，這份工作屬於無形的領域。

當你在心靈領域裡工作時，看不到任何東西，只有偶爾才能得到努力的一點點成果。你需要極大的耐心和自信，才能感受到心靈領域裡的無形收穫。

在這個無形的領域裡，思想得以成長，感覺得以紮根，而你需要訓練內在的眼睛去看見。

巫術

許多人都覺得，他們在工作的地方缺乏滿足感，既無法成長也沒有創造性。通常，那是一個無法突顯特色的地方，受到功能性和形象化的影響，因為工作需要勞心和勞力，所以總是容易讓員工受到傷害。即使在古代的凱爾特傳統中，也會有人利用負面手段來影響自然收成。當人們彼此看不順眼，或想傷害彼此時，往往透過損害對方的收成來達到目的。這就是巫術的世界。

有許有人嫉妒他的鄰居，然後在鄰居的馬鈴薯園裡「種蛋」。當收成時間到了，鄰居要把馬鈴薯挖出來的時候，卻發現馬鈴薯爛掉了。他透過下咒的負面儀式和蛋的象徵意義來摧毀鄰居的希望，然後這個儀式掠奪了菜園的力量和豐碩收成。

凱爾特傳統中，五月一日是碰運氣的日子。凱爾特人會在這一天守護他們的湧泉，因為壞的或邪惡的精靈可能會摧毀、下毒或損壞那些湧泉。這種負面性常出現在我叔叔講的鄰村故事裡。一個五月的早晨，一位農夫正在放牧他的牲口，遇見一個奇怪的婦人拖著繩子走過牧草地。

他向那位婦人打招呼說：「哈囉。」但是她沒有回應，丟下繩子轉身就消失了。那條繩子的狀況很好，農夫把它捲起來帶回家裡，扔在其中一個庫房的桶子裡，然後便忘了這件事。

在接下來的收成時節，鄰居用馬和貨車幫他從草地裡把乾草拉回家，不過他們還需要一條繩子來固定乾草。有人問他是否還有一條繩子，他說：「我沒有其他繩子了，除了老婆婆留下的那一條。」

他到小屋裡找繩子，但是當他走到桶子邊時，卻發現桶子裡都是奶油。那個老婆婆不是偶然的過客，她在那個五月的早晨偷走了奶油和大地的力量。當她丟下繩子時，繩子裡仍蘊藏著魔力，於是桶子裡便裝滿了大地的奶油。

這個故事的寓意是，有時候收穫和工作的報酬，說不定會在五月的早晨被偷走。

風度是一個人的靈魂組織

在現代的職場裡，負面的氣氛可能極具破壞性。當我們談到個體時，講的是他的風度。風度是一個人以他的個體性和你相處的方式，風度是一個人的靈魂組織。

當我們談論一群人的風度時，我們指的是氣氛或風氣。我們很難去描述或分析一種氣氛，但是你可以立即感覺到它的力量和效應。正面氣氛的所在之處，會發生美好的事情。你會心情愉快地去工作，因為氣氛很迎合你，它溫馨、友善、具創造力。如果工作場合的氣氛是負面、消極的，那麼當人們在早晨醒來時，他們一想到工作就苦惱。

許多人把他們在世界上短暫的一生花在負面和消極的工作氣氛裡，這種感覺真的很孤寂。職場可能相當不友善，它往往是個充滿權力的環境。

你為有權力支配你的人工作，他們有權力開除你、批評你和霸凌你，或是貶抑你的自尊。這不是讓人喜歡的氣氛，**別人對我們有支配權，那是因為我們對他們放棄了我們的權力。**

這裡有一個很有趣的練習，你可以問問自己，對於那些有權力支配你的人，他們在你心目中的形象是什麼？我有一個朋友在一間學校工作，那個學校的校長很不可靠，為人軟弱，防禦心重，常常濫用權力。他在一個最近的開學會議上斥責員工，隔天我朋友和他太太便在鎮上碰到這個人。她很震驚地發現，撇開他的權力背景，他看起來竟然這麼微不足道。她為此感到驚訝，因為她以為身為學校校長看起來應該很強大。

有時候我們允許別人對我們運用這種負面權力，因為我們從不質疑他們。當錯誤偽裝成權力時，沒有什麼能比質疑更快的揭穿它。

我們都很熟悉「國王的新衣」這個故事，國王穿著他以為的新衣服在鎮上遊行，而事實上他根本一絲不掛。每個人都在歡呼，說國王穿了一件多麼好看的衣服。大家一致贊同，直到一個小孩天真地說出事實。

事實的話語是具有完全的威力，《新約聖經》說：「活在真相裡，真相能讓你自由。」這則箴言適用於每個情況。**溫和、不引起衝突、追求真相的質疑，如你所見，能夠阻止一個人談論某個情況裡的一切權力。**這能夠拯救複雜且溫和的人們，免於淪為受到外在控制的角色。

弱小與強大

掌握權力的人，往往不像他們所希望看起來的那麼強大。**許多拚命追求權力的人都很軟弱，他們追求權力地位來彌補自身的脆弱。**

讓一個軟弱的人掌握權力，他可能永遠也不捨得放開權力，因為他們把質疑或另一種可能性，視為對他們自身優越地位和支配權的威脅。如果你要和這樣的人聰明地對抗，需要用迂迴的方式很小心地接近他。這是你的真心話能夠傳達給這麼容易受驚又具有權力的人的唯一方法。

充滿權力的職場，可能也是一個充滿控制力的職場。控制是消極的，因為它削弱你的獨立性和自主性。

在與權威人物應對的場合裡，你被推回到幼兒的角色中。由於我們對父母的關係是不變的，所以有時候我們會把權威角色放大成巨人。在權力與權威之間有一個關鍵性的區分，當你意識到你內在權力的健全性時，才擁有對自己的權威。

「權威」示意著你的想法和行動的源頭，世界透過權力的結構而運作。所以，最好是由那些具有精細的敏感度、想像力和同情心的真誠者，來取得權力地位。有權力又有魅力的人，他的決策也許影響深遠，而且能帶來正向的改變。

當你受到掌控時，你的角色是個目標，而不是主體。權力在握的人往往有使體制與你作對的鬼才。

我認識一個靠賣衣服發跡的百萬富翁，為他工作的婦女工資少得可憐。每隔一段時間，他會感覺到工人們之間營造起緊張的氣氛。有一天他把廣播開得很大聲，所有的工人都開始抱怨。他看著敵對情緒凝聚起來，直到最後有一群人來請他把音量降低，但他拒絕。他們變得更激進，威脅說要罷工，可是他仍然堅持把聲音開得很大。

當他們就快要走上街頭時，他把音量降低了。然後他們統統回來工作，以為自己在與老闆的對抗中贏得勝利，即使那場衝突是他一手策劃的。

這個事件發生在四十年前。在現代的工作場合，工會組成和工人權利的發展，意味著僱主再也不能用這麼明顯的操作來脫身。工作仍然在繼續剝削人們，現代的管理更著重於控制和離間的策略。

工作場合可能是競爭力極大的地方，管理部門有時候故意使員工彼此對立。於是，當你走進職場時，需要和同事在生產力方面一較高下。你的同事開始成為一個威脅，而生產力變成上帝，每個人都降格成生產機器。

如果職場是一個真正能夠鼓舞人心的地方就好了，讓你在工作中發揮創造力。你的才能會受到賞識，你的貢獻會被看見。每個人都有自己特別的天賦，當你的天賦能夠在職場中成長和表現出來時，人生會變得更快樂。

你會得到來自他人的啟發，此外，由於每個人與工作有關的才能是獨特的，所以員工彼此之間不需要競爭。這讓職場成為適合靈魂能量、節奏和天賦的地方。沒有理由不讓每個職場都能培養這樣的創造力。

工作不應該只讓老闆和僱主蒙受其利，工作也應該讓員工和團體蒙受其利，公司應該制定讓員工分享獲利的策略。

發揮想像力和靈魂甦醒所需要的是，將工作理解為大團體創造力和進步的貢獻因子。大量獲利的公司或機構，應該協助和支持貧窮與弱勢團體。創造理想的工作環境，應該是優先考量的事項。假如製造的產品會危害人類或自然，就應該接受批評和改變。

在工作方面最強大和預言精準的分析學者之一，是卡爾・馬克斯（Karl Marx）。他指出，工作能如何讓一個人疏離他／她的天性和潛能，有些工作則可能使一個人變得遲鈍、陰鬱。

在我們的世紀，有些預言最準確、最中肯和最富啟發性的批判性思想，就來自於這個傳統。批判理論學派提出對工業社會的精闢評價，它揭露，歷史和社會從內部影響著人類身分認同的結構。工作和消費主義的本質衰滅，並且壓抑自我。

批判理論透過界定這些疏離力量的細微之處和普遍性，為靈魂的復原做出了極大的貢獻。它揭開五顏六色但虛假的表象，露出隱藏在其下默默窒息的個體。

當代社會崇拜功能主義，像是「過程」、「方法」、「模型」和「計畫」等概念，已經滲透到我們的語言裡，決定我們如何描述我們與世界的關係。靈魂的復原代表著重新發現相異性，這將再次喚醒奧祕、可能性和憐憫的知覺。

功能的抑制力量會減弱，我們的活動中會注入一股新的活力。從哲學的角度來說，存在能夠透過力行而表現出來。

恢復對相異性的知覺是現代社會最深奧的任務，凱爾特精神在培養對相異性的知覺上，有極大的貢獻。在它對友誼的哲學裡，存在著對本質相異性、自我和上天的深奧認知。然而，我們與凱爾特傳統的現代對話必定充滿了批判和反省，否則凱爾特精神將面臨的危機是，成為我們注重感覺的緊迫文化中另一個流行且帶有異國情調的心靈療程。

在負面工作的世界裡，你受到掌控，權力橫行，而你只是一個職員，所有的一切都由競爭倫理來決定。而在創意工作的世界裡，你的才能得以發揮，沒有競爭這回事，靈魂轉變了對競爭的需求。

相較之下，追求「量」的世界一直被競爭糾纏著：如果我擁有的少，你擁有的便多。但是在靈魂的世界裡：你擁有的愈多，每個人也擁有的愈多。靈魂的節奏便是令人驚喜的無盡財富。

錯誤歸屬感的陷阱

職場氛圍的重新塑造，有助於滿足每個個體都有的重大需求：歸屬感的需求。每個人都喜歡處在合適的位置，我們希望屬於某個團體、某個家庭，尤其是我們工作的地方，就是在這樣的職場中你才能夠釋放出無限的創造力。

試想一下，如果能在工作中自在的呈現自己，並展現出真實天性、才能和想像力，那是多麼美好的事。你的家、你的私生活和你的工作之間不需要區隔開來。你可以和別人以創意的方式彼此交流，且相得益彰。但與此理想相反的是，太多人在被迫和受控制的情況下歸屬於一個體系。

人們往往對他們歸屬圈的風格漠不關心。太多人過於理所當然地歸屬於與他們有關的體系，當他們突然被解僱、體系崩塌、或別人升遷時，他們感到沮喪、受傷和尊嚴受損。

幾乎在每一個公司或職場裡，你都能發現許多沮喪的人。剛開始，他們因為對自己的工作產生歸屬感而表現出精力和天真的熱忱，但是在被當成只是發揮機能的員工之後，他們變得失望、沮喪。他們付出精力，但是靈魂從未牽涉其中。

問題的核心在於：**你絕不應該完全屬於外在於你的某個事物，在你的歸屬感中找到平衡是很重要的。**你絕不應該完全屬於任何事業或體系，人們常常需要歸屬於一個外在體系，因為他們害怕只歸屬於他們自己的人生。

假如你的靈魂甦醒了，才會領悟到，那是你真正歸屬的家，你在那兒的歸屬圈很安全。英文的「歸屬感」belonging 和「渴望」longing 有關，如果你把連字符號使用在 belonging 裡，會得到有關心靈成長的美好箴言：Be-Your-Longing（追求你的渴望）。

渴望是靈魂珍貴的本能，你所歸屬的地方應該要配得上你的尊嚴。你應該先歸屬於你自己的內在，如果你屬於那裡，而且如果你能達到本身的和諧，並且與內心深處的源頭有所聯繫，那麼當你外在的歸屬感受到限制、束縛或被奪走時，也不會變得脆弱。

你會仍然站穩腳步，站在你靈魂的根基上，你不是那裡的房客，那兒就是你的家。沒有人可以將你疏離、排除或驅逐出你的內在，它是你的寶藏。《新約聖經》說，**你的寶藏在哪裡，你的心就在哪裡。**

工作與想像力

現代工作最令人鼓舞的層面（尤其是公司體制），是把想像力視為活力和基本動力這種日益增加的認知。

這不是因為公司喜歡想像力，公司欣賞想像力是基於其他理由，也就是說，現在的市場易變性高，變化速度之迅速，老舊的工作控管模式已無法提供足夠的產能。於是逐漸出現的認知是：不斷以線性系統來控制工作和員工，已經無法獲利。

所以，現在的工作場合很歡迎靈魂的投入。靈魂受到歡迎是因為，它的想像力是活躍的。

想像力是個體的創造力，它總是在各個不同的層面間協商，並且釋出認知和創造力的可能性——那是直線的、控制的和外在心智從來未曾想過的。

想像力影響著在光明與黑暗、有形與無形、追求與質疑、可能性與事實之間運作的各種層面。想像力是可能性的好友，在想像力甦醒及活躍之處，沒有僵化和封閉，任何事情都有可能，等著你探索新的可能性和創造力。

當我在德國讀研究所的時候，我很幸運地和一位來自印度的科學學者在柏林分租房子，他寫過幾本有關科學知識成長的好書。

因為這個人指導過許多研究生，所以我問他對於我開始研究黑格爾有什麼建議。他說，大多數的研究都試圖建立一個沒有人能夠成功批判或破壞的結論或研究驗證。因為每個人都企圖那麼做，所以在那方面已經毫無新意了，我應該採取不同的方法。

他說，如果我能試著在這個領域裡找出別人不曾想過的一些問題，那麼我就找到了真正原創和重要的東西。這個建議將我導向創新，它激勵我用全新的方式來理解一個既有的情況。

即使在工作中投入大部分的努力，但實際上卻很少運用想像力。通常，人們允許工作一成不變的枯燥，即使是來自員工的批評，其模式也變得可以預測且不易變更。新進人員常能夠帶來質疑和思考的新氣象，死寂的環境突然間注入了新鮮和刺激的氣氛。沉睡在老舊而枯燥的相似性之下的可能性，現在甦醒了。

大家變得活力充沛、充滿鬥志，工作上整個計畫的相關人員隨著新能量的注入都變得活躍起來。能夠管理那個職場的人，憑的不是可預測和反覆的線性分析，而是想像的可能性，他才能為參與者重新營造工作氛圍，讓職場充滿吸引力與士氣。

基於這個原故，詩人，或是靈魂的藝術家，已然成為現代公司體制裡的重要存在。一個藝術家要能夠為公司帶來它嚴重缺乏的新鮮感，從一直無法穿透的牆上，打開它的門窗。這種經營方法才能保證創造力和自發性成為工作場所中的主要動力。

自發性與阻礙

如果用嚴謹、強迫的方式來經營，那麼職場根本不可能發生創新的事情。假如你試圖強迫靈魂，那絕不會成功。

我在德國的時候，我的感覺力變得分外強烈和活躍，於是，開始產生睡眠問題。如果你在白天做了花體力的工作，少許睡眠仍可以讓你勉強度日。如果你做的是十分精確且困難的心力工作，你就需要睡眠。

我開始嚴重失眠。每天起床後，我可以工作大約一小時，然後突然感到疲憊和挫折。我討厭晚上的上床時間，每天晚上試著睡著讓我狂怒不已，我什麼都試過了。記得，有天晚上我特別疲倦，當時我告訴自己，面對它，你再也無法好好的睡覺，你再也無法一覺到天亮，你終其一生都會陷在這個問題裡。

神奇的事發生了，一旦我向自己坦承之後，五分鐘之後我便迅速入眠。接下來的幾個晚上，我找回了睡覺的節奏。

阻礙我睡覺的是我刻意嘗試入睡的行動，一旦我放開入睡的慾望，睡意便自然湧上來。

當意志和才智成為職場中蓄意的力量時，這只會讓枯燥乏味的相似性更冥頑不化。在允許想像力（靈魂中的啟發力量）的激發之後，職場便達到了一個全新的境界。

你不應該對你的工作或職場保持中立或漠不關心的態度，仔細審視你的工作類型是很重要的。你應該試著去確定，你的工作和職場是否真的能夠表現出自己的價值、尊嚴和天賦。如果不是，也許該做個困難的決定。假如你出賣你的靈魂，最後換到的會是悲慘的人生。

在人生的旅程中，體面和安全感是微妙的陷阱。

那些被推向極端的人往往更接近復甦和自我發現。陷於枯燥的體面中央地帶的人，迷失自我卻不自知，這可能是沉迷於事業者容易落入的陷阱。

許多生意人只運用他們心靈的其中一面：日復一日的攻於策略、手段和技巧。這變成了他們後來運用在各種方面的心靈習慣，包括他們的內心生活。即使他們也許是職場上的強人，但在職場之外他們看起來既孤獨又失落。

你不可能壓抑你靈魂的存在，卻又不付出代價。如果你違逆靈魂，通常要付出很大的代價。工作可能以很吸引人的方式深深違逆你靈魂的野性和創造力，最後工作支配了你的價值。

在二十世紀文獻裡最令人不安的故事之一，描述了一個全然過分嚴謹和忠實的職員的超現實主義命運。它是卡夫卡（Kafka）的《變形記》，開場白露透著詭異：「一天早晨當喬治・桑薩從惱人的夢境中醒來時，他發現自己在床上變成了一隻巨大的甲蟲。」

卡夫卡發揮他無比的天賦，以巧妙的旁白、超現實的敘事手法和黑色幽默，描繪他眼中的體制和職員。

角色可能令人窒息

如果你只喚醒你的意志和才智，那麼你的工作可能變成你的身分。

在倫敦某處的墓碑上，相當幽默的碑文對此做出了結論：「躺在這裡的是吉米．布朗，生為人，死為食品雜貨商。」人們的身分（包含靈魂的原始內在複雜性和心靈的本質）後來往往萎縮成他們工作上的身分。他們變成自己角色的囚犯，限制和縮減了自己的生活，他們離自己的生活愈來愈遙遠，被迫退回到心裡陰暗的角落。當你遇到他們的時候，你看到的只是他們的角色。

你在找那個人，但是你從未遇過他。只執行你心靈的線性、外在的那一方面是非常危險的，因此公司和職場現在已經意識到，他們多麼需要來自不可預測的想像世界裡的騷動、混亂和成長的可能性。

這些對人生的熱忱和動力來說是十分重要的，如果你只處理你外在的那一方面，並且停留在這個機械性的冷酷層面，你會暗自感到厭煩。長此以往，漸漸地，會感到絕望。

薛西弗斯的日復一日

當厭倦感變得嚴重時，它會摧毀你靈魂的天然保護層。

這令人聯想到薛西弗斯的神話，他因為犯罪而受到責罪，在地獄裡，他的工作便是把一顆巨石滾到山丘上。他費盡力氣地把巨石緩緩地往上滾，在快滾到山頂時，巨石便從他的手中滑開，迅速往山下滾去。如果薛西弗斯就此罷手、不再繼續，他便能得到平靜。但是他是徒勞的囚犯，被判永遠要從頭開始做同樣的工作，而且永遠無法完成。所以他必須把巨石滾上山丘，儘管他知道永遠無法滾上山頂。

經營事業或從事工作且永遠停留在角色表象、只執行心靈線性面的人，就是薛西弗斯。這種人將面臨崩潰的危險，**崩潰往往是靈魂拚命嘗試去突破令人厭煩的角色表象的結果。**如果你墨守成規，只會被禁錮在心靈之窗裡。於是你無法轉身走向靈魂的陽臺，並且透過美好和可能性的其他窗戶去享受不同的風景。

迅速是造成職場中巨大壓力的另一股力量。法國哲學家布希亞（Baudrillard）指出現代生活日益加快的步調，當事物變遷得太快時，便缺乏穩定、凝聚或成長。

這裡有一個有趣的故事，一個男子在探索非洲時，在叢林中拚命地趕路，還帶著三、四個非洲人幫他搬運器材。他們馬不停蹄地趕了三天的路，到了第三天傍晚，非洲人都癱坐在地上，動不了了。他催促他們趕快動身，說他有壓力必須在某個期限前到達目的地，但是他們拒絕起身。他不了解為什麼，經過一番勸說之後，他們仍然不為所動。

最後，他從其中一人口中得知原因。那個原住民說：「我們為了快點到達目的地而走得太快，現在需要給我們的靈魂機會，讓它們趕上我們。」

許多人漸漸地對工作感到厭倦，卻從不允許自己有私人時間，或花時間做些工作以外的事，好讓自己的心靈振作。給你自己充分的時間，是很容易且重要的反省練習：把一切事情拋諸腦後。讓你被忽略的靈魂再度和你會晤、相處。重新熟悉你已被遺忘的奧祕，會是件美好的事情。

凱爾特的想像力，證明了有另一種時間的觀念和經驗存在。**因為時間是永恆之窗，我們才有可能認知存在和讚頌大自然。時間絕不可能降格為一種能夠達成的成就，人類對它只有讚歎。**這是愛爾蘭的魅力之一，在這裡的人們仍然有時間。相較於西方世界的許多地區，人們在這裡的生活節奏更有彈性、更開放。迅速的理想主義和臨床功效，在這裡尚未開花結果。

智慧的鮭魚

令人驚訝的是，靈魂在行為上往往有很大的諷刺。在職場裡，有時候一個具有分析眼光、直線視野的人，可能完全錯過了工作的收穫和成果。

想像力是具有特別節奏的洞察力，從不直截了當地來看一件事情。想像力的眼睛會依著循環的節奏，如果你的視野侷限於直接的意圖，那就有可能錯過某種活動所帶給你的神祕命運。

凱爾特有一個關於芬恩．麥克庫爾和智慧鮭魚的古老故事。芬恩想成為一個詩人，在凱爾特愛爾蘭，詩人是一項神聖的職業。詩人能從自己身上感受到超自然力量，即德魯伊的力量和創造力。詩人透過一般大眾所沒有的特殊管道，去接近奧祕。

在米斯郡的斯萊恩河裡有一條鮭魚，能抓到這條鮭魚並且吃掉它的人，就能成為愛爾蘭最偉大、最有天賦的詩人，同時也能夠得到預知力。

有一個叫做芬恩的預言家，花了七年的時間想捕到這條鮭魚。年輕的芬恩．麥克庫爾來找他，向他學習詩歌的技巧。有一天，預言家芬恩回家時帶著他抓到的智慧鮭魚，然後升火，將鮭魚串在烤叉上。烤鮭魚時要小心翻面，不能燒焦，否則會毀了它的功效。過了一會兒，火勢開始減弱，無法妥善地把鮭魚烤好，但是預言家芬恩找不到人幫他取木柴。正在此時，他的門生芬恩回來了，他留下門生幫忙慢慢翻轉叉子上的鮭魚。

年輕的芬恩．麥克庫爾漫不經心地做著白日夢，等他回神時，鮭魚的其中一面出現一個氣泡。他感到很不安，知道預言家芬恩必會因為鮭魚烤壞了而大發雷霆。他試著用大姆指將氣泡壓回去，結果讓自己燙傷了，於是他把大姆指放到嘴裡來緩解疼痛。他的大姆指上沾到一些鮭魚的油，在他嚐到鮭魚油的時候，他便得到了智慧，也就是預知力，以及詩人的身分。

老芬恩帶著木柴回來，當他看到小芬恩的眼睛時，就知道發生了什麼事情。他失望地坐在那兒，歎息自己千方百計追求的命運竟在最後一刻溜走，平白送給一個從沒夢想過這種天賦的單純年輕人。

這故事揭露了一個直線思考的心靈，儘管它真誠、努力，也可能完全錯過上天的禮物。

有時候一個人在工作上遇到困難，並不是因為工作不適合他或他做得不好，而是因為他心目中的那份工作既模糊又不完美。這樣的人往往缺乏焦點，而且容易讓他脆弱的經驗變得分崩離析。工作在他的心目中，已然變成一個持久的圈套。

錯覺使人麻痺

認知是了解的關鍵。你怎麼看和你看到了什麼，會決定你成為什麼樣的人。你的認知（即你對現實的觀點）是你用來看事情的透鏡，同時，你的認知決定事情對你的影響力和進行方式。

我們容易把困難視為擾亂，但諷刺的是，困難可能是創造力的好朋友。

我很喜歡保羅・瓦勒里（Paul Valéry）的詩句：「困難是盞明燈，不能超越的困難是太陽。」它對於棘手、崎嶇和困難的一般想法是完全不同的。

我們內心深處對完美有一種可怕的衝動和傾向，希望每一件事情統統都平坦如一，不喜歡意料之外的事情出現。**開始重新塑造職場氛圍的重要層面之一，便是喚醒欣然接納困難和棘手的能力。工作本身往往沒有問題，而是我們心中的想像使它顯得困難、棘手。**

我在德國求學的某個階段裡，開始強烈覺得自己要進行的是不可能的任務，當時我正在研究《精神現象學》（*Phenomenology of Spirit*）。知道黑格爾的任何一個人都會承認，這篇長文是難以透徹領悟的傑出鉅作。

我認為這個研究計畫是很困難的，這種感覺開始反映在我的研究態度上。之後，我開始被自己的這種想法所麻痺，然後根本無法做研究。

對於這種障礙，德國人有此一說：「我阻礙了我自己的道路。」我常信心滿滿的走到書桌前，相信自己能夠破除這個障礙，但我就是無法專注。一直縈繞在我心裡的念頭是，我要進行的是一個不可能的任務。每一天都要再試一遍，但就是完全克服不了那個障礙。

有一天，我在圖賓根附近的一座森林裡散步很長一段時間。在林子裡，我突然想到問題不在於黑格爾，而是我對任務的看法阻礙了我。我立刻回到家，坐下來，拿紙筆草草記下之前我對這項研究工作的看法。我突然了解到心目中的形象所造成的影響力。

釐清這一切之後，我便能夠把心目中的形象從實際工作上撇開來。幾天之後，那種形象漸漸消失，而我也重新找回了工作的節奏。

有些人在工作上遇到很大的困難，即使工作是他們本質、天賦和潛能的真實表現。**困難處不在於工作本身，而在於工作在他們心目中所形成的形象。這個形象不只是一種表象，它也變成了我們用來看一件事情的透鏡。**我們不僅要對形象的建構負起部分責任，更要對我們如何利用這些形象負起完全的責任。了解到形象不是人或事物本身，才能得到解放。

國王與乞丐的禮物

一個困難或討厭的東西，有可能變成很棒的禮物。我們常常收到被偽裝所掩飾的不知名禮物，這裡有一個描述一位年輕國王接掌國家的老故事。

這個年輕人在成為國王之前就受人愛戴，在終於獲得加冕時，他的臣民都很高興，他們為他獻上各種禮物。加冕典禮過後，新國王在宮殿裡吃晚餐，突然間，他們聽到敲門聲。

僕人走到門外，發現一個衣衫襤褸的老人，看起來就像乞丐一樣。他想要見國王，僕人好言相勸，但他不為所動，於是國王出來會見他。

老人稱頌國王，說他有多棒，舉國上下都很開心他能夠當他們的國王；他為國王帶來的禮物是一顆瓜，但國王討厭瓜。不過，仁慈的國王依然收下那顆瓜，表達了謝意，於是老人心滿意足的離開；國王走進屋內，然後叫僕人把瓜扔到後院裡。

下週同一時間，老人又來敲門。國王依要求會面，老人給了國王另一顆瓜。國王收下瓜，和老人道別，然後再次把瓜扔到後院裡。

這種情況持續了幾週，國王的仁慈不想與老人起衝突，或是輕視老人帶來禮物的好意。然後，一天晚上，正當老人要把瓜遞給國王時，一隻猴子從皇宮的門廊裡跳出來，把老人手上的瓜撞掉了。

瓜摔得稀爛，弄得宮殿到處都是，國王看著眼前的情況，但看到的卻是一大把鑽石從瓜裡飛噴出來。他急忙到後院裡檢查，所有的瓜都化掉了，而且瓜的中央堆著一小堆珠寶。

這個故事的寓意是，**棘手的情況、問題或困難，有時候其實是被掩飾在偽裝下的成長機會。在困難的核心，常常隱藏著奢華珠寶的光芒；學習坦然接受棘手和困難，才是明智之舉。**

我的父親是一位事業有成的石匠，以前我常常看著他砌石牆。他常會選擇圓形的石頭，但圓形的石頭是沒用處的，因為不符合牆的結構。但只要用鐵鎚略施技巧，我父親便能改變石頭的形狀。看起來不成形又不便使用的東西能夠與牆契合得很好，彷彿是為它量身打造的。

我也很喜歡每顆石頭裡所能發現的米開朗基羅形象，無論那顆石頭多麼拙劣、難看或粗糙，都隱藏著一個等待浮現的神祕形狀。

米開朗基羅的《石頭裡的囚犯》便是最佳的寫照。人物的體態幾乎從石頭上浮現出來，但在腰部以下，他們的下半身仍然模糊地陷在未成形的石頭裡。這是拘禁與釋放的極妙景象。

在困難的工作計畫中，往往隱藏著有待浮現的神祕形狀。如果你專注於釋放隱藏在你計畫中的可能性，會找到令你驚喜的滿足感。對此，艾克哈特大師優雅地說過一個人做事時應有的態度：如果你用創意和寬容的眼光來工作，會創造出美好的事物。

眞心的奉獻最美

當你想真心奉獻時，行為和活動的世界是一個很珍貴的世界。你所做的事情應該要配得上你，它應該配得上你的關注和尊嚴，並且符合你對自己的尊重。

如果你能夠愛你所做的，才能把它做得很出色。也許你一開始並不愛你的工作，但是你靈魂的深處能夠幫助你為你所做的帶來光明。然後，無論你做什麼，都能用創意、革新的方式來做。

在日本，有一個禪修和尚的故事最能夠貼切的表達這一點。天皇有一個華麗的花瓶，美麗、古老又精緻。有一天，那個花瓶被打破了，碎成無數片。他們把碎片收集起來，找來全國最好的陶工來修復花瓶。陶工失敗了，於是被砍頭。天皇命令次好的陶工來做，但也失敗了。就這樣持續了幾個禮拜，最後，國內所有最好的藝術家都死了，因為沒有人能夠修復碎掉的美麗花瓶。

唯一剩下的藝術家，是一位住在深山洞穴裡的禪修和尚。和尚親自來把碎片收集起來，然後帶回他的工作室。經過一週又一週的努力，終於把花瓶修好了。和尚的徒弟看著花瓶，心裡不禁讚嘆它的美麗。

於是師徒倆動身到城市，把花瓶帶到皇宮裡。天皇和他的侍女們都眉開眼笑的讚嘆花瓶的美，老和尚和徒弟得到應有的獎賞。然後他和年輕的徒弟回到深山的洞穴裡。

有一天，年輕的徒弟在找東西的時候，無意間發現花瓶的碎片。他跑去跟師父說：「看，這裡都是花瓶的碎片，你根本沒把花瓶修好。你是怎麼做出跟打破的古花瓶一樣美麗的花瓶？」師父說：「如果你衷心熱愛你的工作，一定能夠做出美麗的東西。」

一篇祈禱文

願你靈魂的光芒引導你。

願你靈魂的光芒用你心裡的愛和溫暖，賜福於你的工作。

願你在工作中看到你自己的靈魂之美。

願你工作的神聖性，為與你共事的人，以及看到和接受你工作成果的人，帶來療癒、光明和復甦。

願你的工作從不令你厭倦。

願它釋放你內心的清新、靈感和興奮的泉源。

願你在工作中感到愉快。

願你從不在枯燥的貧乏中迷失。

願日子從不成為你的負擔。

願黎明令你甦醒和警覺，讓你懷抱著夢想、可能性和願景，去迎接新的一天。

願夜晚令你優雅和滿足。

願你得到夜晚的祝福、庇佑和保護。

願你的靈魂能夠鎮靜、安撫你，和使你恢復精神。

5 年老：內在豐收之美

時間是循環的

人的眼睛喜歡看東西：它盡情享受新景象的野性之美、樹木的莊嚴、人類面容的溫柔，或是皎潔的月亮用它圓形的光輝祝福地球。眼睛總是被東西的形狀所吸引，它在特殊的形狀上找到深層的安慰和家的感覺。

人類心靈深處對圓有一種迷戀，因為它能滿足我們內心的某種渴望。圓是世界上最普遍和古老的形狀之一，現實往往表現於這個形狀上。地球是圓的，連時間似乎也具有圓（循環）的本質。凱爾特世界一直很迷戀圓，圓在凱爾特世界的藝術裡非常普遍，凱爾特人甚至在十字上加了一個圓環。凱爾特十字是一種很漂亮的符號，以十字為中心的圓環，拯救了兩條線貫穿交叉的痛苦和孤寂，而且似乎能夠鎮靜和撫慰它們被遺棄的線性。

對凱爾特人來說，自然世界裡有不同的領域。首先，在山川大地的表面下有自然的地底世界，是圖哈德達南——也就是達南神族或仙人——住的地方。人類的世界是在地底世界和天堂之間的王國，這三個世界之間沒有封閉或隔絕的邊界，在最上層的是超越感官的世界，或上層世界，也就是天堂。這三個領域相互交流，是參與彼此的世界。怪不得，時間會被理解為包羅萬象的循環。

年是一個循環。它有冬季，過了之後是春季，接著是夏季，然後結束於秋季。時間的循環從不被打破，這個節奏甚至反映在一日裡，一日也是一個循環。

首先，新的一天從黎明劃破黑夜開始，在中午達到頂盛，之後逐漸衰退至傍晚，再到黑夜，然後從頭來過。

我們活在時間裡，所以每個人的人生都是一個循環。我們來自於未知，我們出現在地球上，生活在這裡，取食於大地，最後也回歸於未知。海洋也是以這個節奏在運動，潮起，潮落，然後退回再重來。它就像人類呼吸的節奏，吸進來，吐出去，然後從頭來過。

循環為老化的過程帶來正面觀點。

當你變老的時候，時間影響著你的身體，你的經驗，它的影響遍及你的靈魂。老去是很辛酸的，當身體老化時，你開始失去青春的氣息與自發的活力。

時間就像寒冷的海潮，開始侵蝕你的力氣。它會持續這麼做，慢慢地，直到最後它完全掏空你的生命。這是影響著每個人的最關鍵問題之一，我們可以改變時間對我們造成的損害嗎？要尋找這個問題的答案，首先要探索我們和大自然的親密關係。因為我們是從泥土形成的，所以自然中的四季節奏也在我們的心裡躍動。因此，我們能夠從明確表達其心靈、並在心靈上與大自然建立起姐妹情誼的人——也就是凱爾特人——身上學到很多東西。

雖然凱爾特人沒有明確的心理特點，但是對於人類的歸屬感、脆弱性、成長和年老的深層節奏，他們有未言明的敏銳洞察力和了不起的智慧。

心中的四季

在塵世間人們的心中有四季，當自然的冬季來臨時，所有的色彩都褪去，萬物變成一片灰濛濛的顏色，自然界所有的景象和豐富的色彩都變得單薄。草皮從大地上消失，大地本身也凍結了，在廣袤的滄涼中呈現死寂狀態。

冬天裡的大自然隱而不彰，樹木抖落它一身的葉子，休養生息。

當你的生命來到冬季時，你正走過痛苦、艱難或動亂。當你的靈魂來到冬季時，試圖做任何新的努力皆非明智之舉。你必須放低姿態，尋求掩蔽，直到這個嚴峻、冷酷的時節過去。

這就是大自然的治療方法，它用冬眠來照料自己。當你的人生遇到極大的痛苦時，也需要在你自己的靈魂中尋求庇護。

大自然裡最美的過渡期之一，是冬季轉換到春季的時候。

有一位老禪師說過，一朵花開，春滿大地。當如嬰兒般天真無邪的第一朵花出現在大地上的時候，我們便隱約感覺到大自然在冰凍的表面之下躍躍欲試的急切。蓋爾語中有一個很好的詞

ag borradb，意思是，顫動的生命即將一鳴驚人。大地得到的美妙色彩和新生命，讓春天成為生氣蓬勃和希望的時節。

從某種意義上來說，春天是最年輕的季節，冬天是最老的季節。冬天打從一開始就存在，自花草樹木出現之前，它早已統治沉寂與蒼涼的大自然好幾億年的時間。春天是年輕的季節，它帶來一波波的生命和願景、希望與可能性。

在春天的核心有一個很大的內在渴望，那是慾望和記憶彼此撩撥的時刻。因此，**你靈魂裡的春天是進行新的冒險、新的計畫或你人生中某些重要改變的時刻。**如果你在靈魂的春天來臨時採取這些行動，那麼節奏、能量和隱藏在造你的泥土裡的光芒都能為你發揮作用，你的成長和潛能恰逢其時地發展。

靈魂裡的春季可以是美麗、帶來希望和強勁的。你可以很容易用自然而然、非牽強的方式，度過艱難的過渡期。

春天在花開之後漸漸進入夏季。在夏季，大自然得到色彩的點綴，處處蒼翠繁茂，蓊蓊鬱鬱。**夏季是光明、成長和達成的季節。**你感受到祕密的生命，隱於冬季，萌於春季，然後在夏季大放異彩。

所以你靈魂裡的夏季是平衡的大好時節，你可以盡情地流露本性，盡情地冒險，而且一定會成功。你周遭有足夠的保護和資源來完全地讓你依靠、給你平衡和照拂你。

夏季過後進入秋季，那是我一年裡最喜歡的時節之一。**春天播下的種籽在夏天得到滋養，到了秋天便能結成果實。**這就是收穫——種籽在地底下那黑暗又幽靜的地方，經過漫長而孤單的旅程後的歸向。

秋天是凱爾特文化中一個很重要的時節，大地的富饒在此時提供了豐碩成果。因此，當你的靈魂來到秋季時，從前發生過的事情或經驗在你心裡播下種籽，但你對此幾乎一無所知，然後它們現在結成果實。

人生裡的秋季可能是大豐收的時節，它是你經驗成果的收穫時節。

秋季與內在的收穫

我們的心裡有四個季節，雖然心裡可以同時存在好幾個季節，但通常，任何時候，你的人生只受一個季節的主導。

習慣上，秋季被理解為老年。在你人生的秋季，你已累積豐碩的經驗，這與我們所理解的年老形成了強烈對比。年老不只是身體失去它的體態、力氣和自信，也讓你開始意識到庇佑著你人生的神聖圓環。

在收穫的圓環裡，你能夠收集過去的時刻和經驗，把它們聚在一起，形成一體。事實上，**如果你不把老去視為身體的死亡，而是靈魂的收穫，那麼你將知道，年老可以是力量、體態和自信的時節。**

從季節旋律的背景中了解你靈魂的收穫季，你會對人生這個時刻的來臨感到無比喜悅；也會感受到力量，以及靈魂世界的深層歸屬感漸漸顯露。

即使身體老去、虛弱，變得脆弱、無力和不健康，圍繞著身體的靈魂避風港總是溫柔地包容那樣的脆弱。**身體被包含在靈魂裡，這是一大撫慰和護佑。**當你的身體老去時，也許會開始意識到靈魂在擁抱和照顧你的身體，隨著年老而產生的痛苦與恐懼，可能就此遠離你。這會為你帶來力量、歸屬感和平衡的深刻感受。年老令人害怕，因為看起來，你的自主和獨立性都與你的意志相違背了。

就年輕人而言，老人就像古人一樣。當你開始變老時，能體會到光陰進行得有多麼迅速；但是，青春正盛的年輕人和體力虛弱的老人之間的唯一差別，只在於時間。

生命中最大的奧祕之一，是時間的奧祕。發生在我們身上的每一件事，都來得正是時候。時間是把每一個新體驗帶到你心門前的力量，所有發生在你身上的事都是受到時間掌控和支配的。詩人保羅．莫瑞（Paul Murray）說，片刻的時間是「朝聖之地，而我是朝聖者」。

時間開啟了靈魂的奧祕，並將其擴展開來。時間所顯現的短暫無常與奧祕，總是令我充滿敬畏與驚歎。我將這種感覺表達在我的一首詩《小屋》裡：

我警醒地坐著
在我心靈的

狹小窗戶後，看著時間
日復一日的過去，路過的陌生人
沒有理由往裡頭窺視。

從這個觀點來看，時間可以是相當令人恐懼的。我們身體周遭的一切都是虛無，虛無就是空氣元素。你的身體周遭沒有看得見的有形保護，因此任何東西可以在任何時間從任何方向靠近你。澄淨清澈的空氣不會阻止命運的箭射向你的人生，人生就是這麼無法預測又難以預料。

短暫無常讓經驗變成幻影

時間最孤單的層面之一，就是它的短暫無常。流逝的時間帶走一切，當你遭受折磨，度過孤單、難熬的時光時，這也許是種安慰。所以你可以鼓勵你對自己說，這會成為過去。不過，反過來也是一樣——你享受歡樂時光，感覺很快樂，你和你愛的人在一起，人生達到了美好的高峰——這也會成為過去。

在這麼美好的一個晚上或白天，你悄悄在心裡許願說，上帝，我希望這能持續到永遠。但不可能，這份美好會有結束的時候。連浮士德都乞求光陰停留：「再流連片刻，因為你如此美麗。」**短暫無常是時間的力量，它令所有的經驗變成幻影。**無論黎明有多美或多麼富有願景，但是從來沒有一個黎明不走向中午，也從來沒有一個中午不走向下午，從來沒有一個下午不走向黃昏。從來沒有一個白天，最後不埋沒在夜晚的黑幕裡。短暫無常透過這種方式，讓所有發生在我們身上的事情化為幻影。

我們所有的時間，都消逝在我們身上，這是一個令人難以置信的事實。你和一天錯綜複雜地交織在一起，你身陷其中，日子親密得像你的皮膚一般。它在你眼睛四周，它在你的心裡。日子推移著你，它可能令你不順利，也可能讓你一帆風順。

然而驚人的事實是，這一天會逝去。當你回頭看，你看不到過去的日子一整排地站在那兒的模樣。你無法繞回去瀏覽你的過去，日子默默地永遠消失了。你未來的時光尚未到來，唯一踏實的時間，就是現在。

在我們的文明裡，我們極重視和強調經驗的重要與神聖。換句話說，你所想的、信奉的、或感覺的，如果未實際成為你經驗裡的一部分，那依然只是空想。

經驗是驗證、信譽和深刻親密的試金石，儘管每個經驗的未來是消失。這引發了一個有趣的問題：我們消失的日子會聚集在某個地方嗎？就像中世紀的神祕主義者曾經問過：**當蠟燭吹熄之後，光明去了哪裡了？**我相信，**我們逝去的日子會悄悄地聚在某個地方，那個地方的名字叫做記憶。**

記憶：逝去光陰的祕密聚集地

記憶是靈魂最美麗的真相之一。由於身體本身與視覺緊緊相繫，所以身體往往未看清記憶是過往聚集的地方。

最強大的記憶影像是樹，我記得，我曾在倫敦的自然歷史博物館看過一個來自加州的大紅木橫切面裂片。這棵樹的記憶可以回溯到大約西元第五世紀，橫切面上代表記憶的年輪，在不同的點上標示著小小的白旗，記錄了特殊年輪的年齡。第一個是聖高隆（St. Colmcille）到過愛奧那島（Iona）的西元六世紀，然後經過十七、十八世紀的文藝復興時代，再來到二十世紀。這個巨大的紅木活了十四或十五個世紀，它大量的記憶一直呈現在木材的紋理中。

在古典傳統中，力量、當下和豐富記憶最美的召喚就在聖奧古斯丁《懺悔錄》的第十卷裡。以下是它對內心世界描繪的華麗片段。

> 記憶的力量真偉大，太偉大了，噢，上帝，它是我內在一個無限延伸的空間。誰能探得它的最深處？但這只不過是我的靈魂與生俱來的能力。事實上，我無法完全理解我

自己的一切。那麼，我的心靈是否太狹隘呢？裝不下的部分又要收容在哪裡？是否無法安置於身內，便要安置於身外？這個問題襲來，我只能興嘆不已，近乎恍神。人們讚賞山嶽的崇高、海潮的力量、江河的綿長、海洋的廣闊、星辰的移動的同時，把自己拋諸腦後，卻不引以為意。如果我不曾親眼見過，我是無法談論這一切的。如果不曾親身體會，我便無從讚嘆呈現在我內心的景象，那些我所見過的山嶽、海潮、江河和星辰，以及我所聆聽的海洋。它們在我的記憶中存在於一模一樣的廣大空間，當我看到記憶中的它們時，它們就有如身外的景象一般。

現代迅速、壓力、過分強調形式的文化最貧乏的其中一點是，對記憶毫不在意。電腦工業劫持了人類記憶是感覺和知覺的內在聖殿，在這個聖殿裡，各種經驗根據其特殊感覺和形式來分類。記憶的概念，說電腦有記憶是種誤謬，電腦只不過是有儲存和呈現資料的能力。然而，人類的記憶是精密、神聖和私人的，記憶有它自己的內在選擇性和深度。我們的時代遭受健忘之苦，美國哲學家桑塔亞那（Santayana）說過：「**忘卻過去的人，所遭受的懲罰便是重蹈覆轍。**」

舊年代的美好與善意，為探訪你內在記憶的屋子提供了一個安靜和獨處的時光。你可以一再探訪所有的過去，而靈魂是記憶的居所。因為時間線消逝了，所以一切都仰賴記憶。換句話說，我們的時間呈現於昨天、今天和明天。不過，我們內在還有一個地方活在永恆的時間裡，那個地方就叫做靈魂。因此，靈魂主要活在永恆的模式中。

這表示，**事情發生在你的昨天、今天和明天，然後轉眼間便消逝了，但是它們被你靈魂的永恆之網捕獲。靈魂為你將它們收集起來、保存和看守著。**列維納斯（Lévinas）說：「**能夠逆轉過去時光的記憶，是一個人的內在精髓。**」因此，當你的身體老去、變得愈來愈虛弱的時候，實際上靈魂卻變得愈來愈富有、堅定和強大。你的靈魂會隨著時間變得愈肯定自己，它內在的自然光會更強烈和明亮。

關於老年，切斯瓦夫・米沃什（Czeslaw Milosz）曾寫過一首優美的詩。叫做〈新天地〉（A New Province），以下是最後一段：

但願我有資格說：「我飽了，
此生該嚐的東西，我都嚐過了。」
但是我就像站在窗戶旁拉開窗簾的人，
看著他不理解的盛宴。

提諾納爾：青春之境

永恆的時間是如何與我們人類的時間交織在一起的？對此，凱爾特傳統有很瑰麗的觀點。他們有一個故事，主角歐辛是凱爾特的費奧納戰士之一，他想去一個叫做提諾納爾的地方，那裡是永恆的青春之境，是仙人的居所。

他動身到了那裡，然後和情人妮亞芙辛奧兒（一般稱為金髮妮亞芙）幸福地過了很長一段時間，但快樂的時光對他來說似乎太短了。

我們經驗的品質決定了時間實際上的節奏，當你處在痛苦當中，每一刻似乎都慢下來，像一週那麼長。當你快樂、真正享受著人生的時候，時間卻如鷹隼飛掠般迅速。

在提諾納爾，歐辛的時間真的過得很快。然後他開始想念以前的生活，他開始猜想，費奧納的同胞過得好不好，現在的愛爾蘭怎麼樣了。他開始想家，想愛爾蘭。

仙人們勸阻他，因為他們知道身為一個凡人，離開青春之境後他很可能身陷危險，喪失性命。但不管怎樣，他決定返鄉。仙人們送他一匹美麗的白馬，並且告訴他絕不可以踏上地面，如果他這麼做，他就會迷失。

他騎上白馬，回到家鄉愛爾蘭，但等待他的只是孤單，因為他發現其實他已經離開了好幾百年，費奧納戰士團都消失了。為了撫慰自己的心靈，他來到他們從前常來的地方，他們曾經在那裡吃飯、唱歌、說故事和達成英勇事蹟。

於此期間，基督教來到了愛爾蘭。當歐辛騎著白馬四處閒逛時，他看到一群人努力地想搬起一塊大石頭來蓋教堂。身為戰士的他力大無窮，他看著那群人，想幫助他們，可是他知道，他不能下馬踩到地面上，如果他那麼做，就會迷失。

他遠遠地看著他們，過了一會兒，他策馬靠近些。他再也忍不住了，他的腳離開馬鐙，把身子挪到石頭下，試圖舉起石頭。正當他這麼做的時候，馬上的肚帶斷了，馬鞍翻落，歐辛掉到地面上。在他碰到愛爾蘭土地的那一瞬間，他變成一個孱弱、滿是皺紋的老人。

這個故事很巧妙地敘述兩個不同程度的時間是怎麼並存的，如果你打破了仙人們所監視的、兩個程度之間的門檻，最後你在凡人的時間裡會變得無所適從。

凡人時間裡的終點是死亡，而永恆的時間是無法打破的存在。

前面的故事也顯示，在永恆的時間裡，生命有不同的節奏。

在某個夜裡，我們村子裡的一位男士沿著一條沒有房子的道路回家。他獨自騎著腳踏車，突然間聽到美妙的音樂聲。音樂是從海邊的一面牆內傳過來的，於是他跨過圍牆，然後發現自己進入了一個與世隔絕的村莊。那裡的人們好像知道他會來，好像認識他，然後他受到盛大的迎歡。人們為他獻上美酒佳餚，他們的音樂比他聽過的都更美妙。

他在那裡度過一陣子的歡樂時光，然後才想起來，如果再不回家，家裡人會四處找他，於是他向村民道別。當他回到家後，他發現他已經失蹤了兩個星期，即便對他來說只像是過了半小時一樣。

從前我父親會講一個名叫芬尼克斯的修道士的故事。

有一天在他修道院裡讀祈禱書，一隻鳥開始唱起歌來，修道士很專注地聽鳥所唱的歌，連周遭的事情都沒注意到。

然後歌聲停止了，於是他又拿起書來，回到修道院裡，但是他發現那個地方已經不是他認識的那個樣子了，而且修道院裡的人也不認識他。他說出所有和他一起修道的同伴的名字，感覺上他們半小時前還跟他在一起，但是現在他們統統消失了。新的修道士查閱他們的年鑑，他們很確定的是，一個名叫芬尼克斯的修道士在很多年以前就失蹤了。

這個故事用隱喻的方式主張，修道士芬尼克斯事實上是闖入了永恆的時間裡，永恆的時間跟凡人的時間有不同的移動節奏。奥斯卡．王爾德（Oscar Wilde）說：「我們在永恆中思考，但卻隨著時間慢慢推移。」這句話優雅但做出強力的迴響，因為它出自於《深淵書簡》——王爾德寫給一個背叛和毀滅他的人的信，裡頭包含了愛和寬恕。

凱爾特神話故事裡存在著一個靈魂居住的永恆之境。我們內心也有一個永恆之境，在那裡，我們不容易受到凡間時間的摧殘。莎士比亞在他的十四行詩第六十首裡表達了凡間光陰的蹂躪：

宛如波濤湧向沙石海灘，
我們的光陰也匆匆奔赴終點，
浪潮前仆後繼，周而復始，
光陰的波濤也爭先恐後地前進。

靈魂是記憶的聖殿

在凱爾特的故事裡，時間是靈魂的節奏，具有永恆的特質，是一切聚集和得到守護的地方。在這裡，什麼都不曾遺失。最大的安慰是：發生在你人生裡的一切都不會消失。什麼都不曾被遺棄或遺忘，一切都儲存在你靈魂的記憶聖殿裡。因此，當你年老時，可以開心地回過頭去看你過去的時光，你可以穿越聖殿的空間返回從前，回顧那些成長和淬煉自己的歡樂與困苦的日子。

老年是人生中的收穫季，是你的時光及其片段聚集在一起的時候。透過這樣的方式，你整合自己並且達到新的力量、平衡與歸屬感，那是你從前心煩意亂地匆忙度日時，絕對得不到的結果。老年是回歸到你深層本質、完全進入到你記憶聖殿的時候，所有消失的日子都悄悄地聚在這裡等待你。

在凱爾特精神中，記憶的概念非常重要。不同的場合，有不同的優美祈禱文。有祈求健康、點燃火焰、使壁爐的火繼續燃燒的祈禱文。在夜間，灰燼會佈滿在燃燒的煤碳上，隔絕了空氣，但次日清晨，煤碳仍然持續燃燒著。

有一個召喚聖布麗姬特的壁爐看管者祈禱文很有趣，她是凱爾特女神，也是基督教聖人。布麗姬特很輕易且自然地成為兩個世界的焦點，對於這個愛爾蘭女神，非基督教和基督教世界彼此並無歧見，而且能夠很愉快的交流。這是關於壁爐的優美祈禱文，也被認為和記憶有關：

斗篷女神包圍著我們
羔羊女神保護著我們
壁爐的看管者，照亮我們
我們聚集在你的斗篷之下
被歸還給記憶。

我們的母親之母，
強大的女祖先，
牽著我們的手，引導我們
提醒我們如何
點燃壁爐的火。

保持它的明亮
保持它的火焰
你執起我們的手
我們的手在你掌中
一起去燃起光明
日以繼夜。

斗蓬女神在我們身旁
記憶女神在我們心裡
保護女神庇佑我們
免於傷害、無知和冷酷
這一日，這一夜
從黎明到黑夜
再從黑夜到黎明。

凱特琳·馬修斯（Caitlin Matthews）

在這個美好的認知裡，記憶將一切都聚集、整合成一個親切的整體。

從一種正面的觀點來說，老年變成了參訪記憶聖殿和整合人生的時候。整合作用是你回歸自我中很重要的一部分，沒被整合起來的就是殘餘片斷，有時候可能在你內心變成極大的衝突。

整合本身及其過程，能夠使你更完全的回歸自我，每個人的內心都很需要整合。卡繆（Camus）闡明得很貼切，他說，在這個世界上經過一天之後，你可以把餘生都花在獨處的幽閉中，然後你仍然有那一天的經驗可以解析。我們往往沒有意識到發生在自己身上的許多事，即使只是在短短的一天裡。

參訪記憶的聖殿不只是一趟回到過去的旅程，更是喚醒和整合發生在你身上的每一件事，它是賦予經驗深度反省過程的一部分。我們都擁有經驗，不過詩人艾略特（T.S. Eliot）說，我們擁有經驗，但卻沒有得到它的意義。每個人的心都在追尋意義，因為我們最深層的庇護所就在意義當中。**意義與經驗是相伴的，辨明發生在你身上的事情的意義，是找到內心歸屬感和發現靈魂庇護所的實質方式之一。**

在《聖經》裡，先知哈該有一段妙不可言的話：「你們播種多，但收成少。」發生在你身上的每一件事，都是在播下經驗的種籽。所以，收穫經驗也同樣重要。

善待自己與內在收穫的藝術

老年可以是培養內在收穫藝術的時候。

什麼是內在收穫的藝術?內在收穫指的是你真正開始篩選經驗的果實,你開始分類、挑選和整合。你人生中被遺棄的角落,是內在收穫最關鍵的地方之一。內心被忽略和遺棄的區域在向你吶喊,它們急切地想被收穫。然後它們可能從忽略的錯誤出口出來,並且進入到歸屬的聖殿裡,也就是靈魂。尤其是有關於你人生中某些困難的事情、或者強烈抗拒的事情。最重要的,你的內在創傷在呼喊要得到療癒。這有兩種做法,你可以朝分析的方向去做,找到這個創傷,再度打開它。你取下長在它周圍的保護性癒合皮膚,讓它再次疼痛和哭泣。

你做了很多治療,但都是在逆轉療癒作用。也許處理創傷有比較非侵入式的方法,因為靈魂有它自己的自然療癒節奏。因此,你的許多創傷都已經癒合得很好,不應該再次打開。如果你想那麼做,可以選擇一些創傷,然後花三十年的時間來打開它們,直到最後你開始愛上這個讓你身體滿是瘡疤的工作。如果你這麼處理創傷,會把你的靈魂變成一堆哭泣的瘡疤。

在我們的內心生活裡，我們每個人都擁有美好但也具危險性的自由。因此，我們需要很溫和的善待自己。

精神上的自我呈現，它其中一部分的智慧是能夠讓你人生的某些層面獨處，這是一種不讓心靈受到干擾的藝術。你人生的其他層面會急切地召喚你的注意，它們呼喚你做它們的避風港，要你來收成。

你可以分辨這些創傷位於記憶聖殿的哪裡，然後用溫和及在意的態度來造訪它們。你能為這些地方帶來的關懷之一，就是憐憫。

有些人會憐憫他人，但對自己卻特別嚴苛。你能夠培養的特質之一——尤其是在你年老的時候——是對你自己的憐憫之心。當你參訪記憶聖殿裡的創傷時，不應該責備自己做了造成你悔恨不已的錯誤，有時候你透過這些錯誤會有意想不到的成長。

在靈魂的旅程中，最珍貴的時刻往往是錯誤發生的時候，它們把你帶到一個你本來一直避開的地方。你應該對自己的錯誤和創傷具憐憫之心，努力再次回到當你犯錯時的節奏，如果你用心中的寬容來造訪你靈魂的這個地方，它才能平復過來。

當你原諒自己的時候，內在的創傷會開始癒合。你從傷痛的出口走出來，進到內在歸屬感的快樂之中。這種整合的藝術是非常珍貴的，你必須信任內在深處的聲音，去了解你需要造訪哪些地方。

這不能用重視「量」的方式、而要以溫和的心靈方式來審視。如果你為你的靈魂及其創傷之處帶來仁慈的光輝，才能達成不可思議的內在療癒效果。

在心中保有美好的事物

靈魂是你人生的自然庇護所。在你的一生當中，如果不曾持續挖刨這個庇護所，你的靈魂現在就能凝聚在你周圍守護你。

用霓虹分析來接近你的靈魂和記憶，可能是極具破壞性的，尤其是當你年老力衰的時候，你應該保持靈魂的自然狀態。從這個角度來看，老年可能是最脆弱的時候。

許多人在老去的時候，會非常擔憂、焦慮，特別是日子不好過、你又脆弱、必須好好照顧自己的時候。我喜歡布萊茲・帕斯卡（Blaise Pascal）的一個觀念，他說，**在困難的時候，心中一定要保有美好的事物**。也許，如同一位詩人所說，最後拯救我們的會是美好。

你怎麼看待你的未來，就會怎麼塑造它。換句話說，期望有助於創造未來。**許多煩惱本來就不屬於我們，是我們透過自己悲觀的態度把它們攬過來的。**

我有一個來自科克（Cork）的朋友，他附近住著一位名叫瑪莉的老婦人，大家都知道瑪莉對任何事情都抱持負面、悲觀的看法，她總是「不說好話」。

有位鄰居在五月的一個美麗早晨遇見她，那天陽光燦爛，花朵盛開，彷彿大自然想跳起舞。他對瑪莉說：「噢，多美好的早晨，瑪莉。」她回答：「我知道，但是明天會怎樣？」她無法享受當下的美好，因為她已經在煩惱明天可能有多糟了。

煩惱不只是靈魂或意識的心情，往往更是一種心靈形式。也許空氣中飄著一小群一小群的苦難，然後當它們往下看時，瞧見你的憂鬱和感傷。它們想像，如果它們在此降落，或許能住上一週、或幾個月，甚至一年。

如果你讓自己天然的庇護所倒塌，這些苦難就能登堂入室，在你心靈的各處佔地為王。你讓它們待在那兒愈久，最後就愈難趕走它們。

從自然智慧的觀點來看，你怎麼看待人生，人生就會怎麼回報你。擁有憐憫和希望的態度，才能為你帶來真正需要的東西。

老年是第二個純真的時期，第一個純真的時期是我們的孩提時期，但那時純真的基礎是天真的信任與無知。第二個純真時期在你人生的晚年，你已經活了很久。你了解人生中的無望，你知道它挫敗、甚至毀滅的強大能力。**儘管真正看清了人生的負面力量，你依然保持著健康、希望和樂觀的態度，這便是第二純真的時期。**

遇到一個臉龐經過時間深深淬煉的老人，從他眼裡看到光輝，是多麼美好的事情。那種光輝是純真的，它並非沒有經過歷練，而是它純真地信賴真、善、美。

凝視這樣的臉龐是一種福氣，你會感覺到善和健全與你做伴。

光明之境

悔恨，是對於一個人的過去或記憶最可怕的負面態度。悔恨往往是謬誤的、被錯置的，是對於以前完全非事實的想像。愛迪・琵雅芙的歌「我無怨無悔」呈現了美好的自由和豪放的接受度。

我認識一個粗野的婦女，她的生活十分缺乏保障。她遭遇到很多麻煩，好像事情都在和她作對。我記得她有一次跟我說：「我一點兒也不後悔，這是我的人生，每一件發生在我身上的壞事，裡頭都蘊藏著某種光明。」她對她的過去抱持美好、完善的看法，那是她從過去的困境裡尋得隱藏的寶藏的方式。

有時候，**困境是靈魂最好的朋友。**威爾斯詩人托馬斯（R. S. Thomas）寫過一首優美的詩，說的是回顧生命中的感覺——那些你想念或後悔某件你沒做過的事。它叫做《光明之境》：

我看到陽光穿透下來
照亮一方小田野

看了一會兒就繼續趕路
忘了此事。但那是一顆高價的
珍珠，那是一塊藏有寶藏的
田野。現在我領悟到
我必須付出一切
來取得它。生命不是匆忙地趕路

奔赴模糊的未來，也不是追求
一個想像的過去。它是轉折
就像摩西轉向神蹟
那叢燃燒的荊棘。轉向光明
它看似短暫如你曾經的青春
卻是等待你的永恆。

在這首優美的詩的核心，是凱爾特對時間的概念。**你的時間不只是過去或未來，你在人間的**

時間就存在於在你的靈魂裡。你所有的時間都被聚集起來，即使是你未來的時間，也在此等候你。從某種意上來說，你的過去並未消失，而是暗藏在你的記憶裡。你的時間是藏在深處的永恆種籽，等待著迎接你的到來。

熱情不老

老年人往往有他們動人柔和的地方，年紀並不是取決於依序的時間，而是跟一個人的性情比較相關。

我認識有些十八或二十歲左右的人，年紀輕輕的，聽起來就像九十歲的老人一樣莊嚴、肅穆、深沉。相反的，我也認識有些很老的人，卻有顆稚子之心，喜歡惡作劇、開玩笑，只要有他們在，空氣中就充滿活力，當你遇到他們的時候，會感覺到開朗、輕快和歡喜的氣氛。

有時候從老人的身體上向外看著你的，是青春洋溢又豪邁的靈魂。遇到一位豪邁但仍忠於其野性生命力的老人，是相當愉快的事。

艾克哈特大師也用一種比較正式的口吻說過：**靈魂裡有一個叫做永恆的地方。他說，時間使你變老，但是靈魂裡有一個地方是時間無法觸及的。**知道這種與你自身有關的事情相當好，即使時間會讓你的臉長皺紋，使四肢無力、動作緩慢，最後掏空你的生命。

然而，在你的心靈裡仍有一個地方是時間絕對無法靠近的，你就如你感覺的一樣年輕。如果你開始感覺到你靈魂的溫度，你內在就有任何人都無法奪走的青春。更正式的說，這是使你的生命青春永駐的方式。如果你在生命的旅程中錯過了存在於你周圍和內在的這份永恆，會是一件十分遺憾的事。

當你青春正盛時，情感強烈，富有冒險心，每一件事你都想做。你什麼都想要，而且現在就要。青春年華並不是懂得反省的時候，這就是為什麼歌德會說，青春被年輕人浪費了。你看向四面八方，不確定該往哪個方向走。

我有一個鄰居在喝酒方面遇到很大的麻煩，最近的酒吧在隔壁城鎮，如果他想開車去酒吧，那麼他會去到位置完全相反的隔壁村莊。有一天晚上我弟弟在路上遇到這個人，他停下車來想載他一程。但那人拒絕了，他說：「即使我往這個方向走，我卻是往相反的方向去。」

現今許多人在往某個方向走，但是他們的人生卻是往相反的方向走。**老年提供了一個機會，將你經歷過的各種方向集結起來，你可以在這個時候把人生導向你的渴望能被喚醒、新的可能性能夠復甦的地方。**

渴望之火

現代社會所依據的是力量和形象的意識形態，於是，老人往往被邊緣化。現代文明完全被外在、形象、速度和改變所迷惑，而且趨之若鶩。

在從前的時候，老人被視為最有智慧的人，大家都很尊敬老人。渴望的烈火仍然在老人的心裡熾熱、躍動的燃燒著。現在我們對美的概念很貧乏，因為美被縮限為好看的外表。現今有一種對青春的妄念，每個人都想看起來年輕漂亮，人們做除皺術，無所不用其極地保持年輕的樣貌。

有時候在一張老臉上，你看到從皺紋後面發出的光輝，這是你所見過最深刻的美麗。

葉慈的詩〈流浪者安古斯之歌〉優美地表達出熱情與渴望：

我去到榛木林裡，
為了心中的一團火焰，
我砍下枝條後剝去它的皮，
用一條線串上漿果掛著。

當白色的飛蛾拍著翅膀時，
就像飛蛾似的星星在閃爍著，
我把漿果投到小溪裡，
捕了一條小鱒魚。

我把它放到地板上，
去把火吹得更旺，
但是地板上有東西沙沙作響，
有人喚著我的名字。
它變成一個隱約浮現的女孩，
頭髮上戴著蘋果花，
她叫了我的名字便跑開，
消失在光天化日之下。

雖然我已年邁恍惚，

但無論走過多少個曠野山崗，
我也要尋得她的芳蹤，
親吻她的唇，執起她的手，
然後走過陽光斑駁的無際草地，摘採
如月亮的銀色蘋果，
如太陽的金色蘋果，
直到天荒地老。

年老：走向新的獨處

你人生中新的獨處時光，可能讓年老的觀點令人恐懼。平靜進駐到你活躍的生活、你所做的工作、你的家庭和你扮演過的角色，你的人生開始進入深沉的安靜和孤獨。但你不需要害怕這些事實，如果你用另一種觀點來看它們，你如今遇到的平靜和孤獨可能是你絕佳的禮物和資源。

我們又一再錯過生命中的寶藏，因為我們如此匆忙。總是心不在焉的我們，心很少在自己所處的地方和當下。

許多人被過去所做過的事、還沒做過但後悔沒做的事情糾纏著，他們是自己過往的囚犯。有些人是被未來糾纏著，他們對即將發生的事感到焦慮、憂心。

很少人能夠真的處在當下，因為他們壓力太大、太匆忙。年老的樂事是，你有更多平靜的時間。帕斯卡說，**我們許多主要的問題源自於，我們無法在一個空間裡靜靜待著。對於靈魂的世界來說，平靜是十分重要的。**

假如你隨著老化而變得更平靜，你會發現，平靜可能是極佳的伴侶。你人生的片段會有時間整合，你受創或破損的靈魂庇護所會有時間癒合，你會回歸自我。而在這樣的平靜裡，你會與靈魂相處。

許多人在人生的旅程中完全錯過了自己，他們認識其他人，他們知道地方，他們懂得技巧，他們了解工作，但悲哀的是，他們完全不了解自己。**年老可能是成熟的美好時節，那時你會真正遇見自己，而且也許是第一次。**

艾略特的詩優美地指出：

最後，我們一切的探索
都將抵達我們開始之處
使我們第一次了解那個地方。

孤單：開啓勇氣的鑰匙

當你太熟悉自己的時候，事實上你就變成了對自己而言真正的陌生人。而隨著老去，你有更多空間來熟悉自己，這種獨處可以透過孤單的形式，你會隨著老去而愈來愈孤單。

孤單是特別困難的，一個住在德國的朋友告訴我他與思鄉病的纏鬥經驗，他發現很難融入德國的民族性格、秩序、結構和形式性。他在冬天的時候得到流行性感冒，那時壓抑已久的孤單感終於爆發出來。

他陷入絕望的孤單裡，但是他沒有躲避它，他反而決定讓那種孤單的感覺順其自然。他坐在扶手椅裡，允許自己感覺愈孤單愈好。

一旦他開始對自己的靈魂發出邀請，孤單的感覺馬上襲來。他覺得像是宇宙間最被棄絕的孤兒，他不停地哭泣。從某方面來說，他是為了他人生裡一直被他隱藏起來的所有孤單而哭。雖然這很痛苦，對他來說卻是一個美妙的經驗。當他讓孤單氾濫、內心的水壩潰決時，某種東西就切進了他與自己的孤單的關係之中。

後來，他在德國的時候再也不覺得孤單。在他坦然面對自己孤單的程度、用接納的方式處理之後，他獲得自由了，那變成他生命中很自然的一部分。

我有一位住在康尼馬拉的朋友，某一天晚上當我們在討論孤單時，他說：**「孤單是一個燒得焦黑的洞，如果你把它封起來，你也封住了許多對你來說可能美麗的事物。」**我們不需要害怕孤單，我們要面對、應付它，它才能為我們帶來新的自由。

有智慧才能創造平衡與優雅

智慧是年老的另一個特質。

在以前的社會裡，老人被稱為長者，因為大家認為老人活得那麼久，一定累積了很多智慧。我們的文明過度執迷於資訊，現在世界上可取得的資訊比以前又更多了。我們對一切事物都有很多知識，可是知識和智慧之間有很大的差異。

你也許知道很多事情，你也許知道很多事情的面向，甚至是關於你的事實，但是，令你了解內心深處的自己的，是真相。所以，智慧是程度更深的「知」。

智慧是與你的靈魂、你的人生和上天和諧共處的藝術。

智慧就是學習破解未知之事，而未知之事是我們最親密的夥伴。因此，智慧是面對未知時表現勇敢與寬厚的藝術。

在凱爾特文化和古老的愛爾蘭凱爾特世界裡，人們對智慧有無限的敬意。由於凱爾特世界本來就是一個母系社會，所以許多智者都是女性。凱爾特人對於智慧具有美好的傳統，那些傳統幾經傳承，後來變成了愛爾蘭的隱修制度。

當歐洲進入黑暗時代時，是愛爾蘭的修道士保存了學習的記憶。他們在歐洲各地建立了學習中心，不僅恢復了歐洲的文明，也讓學習變成中世紀尊重傳統學風思想及其豐富文化的基礎。

在愛爾蘭的傳統中，每個地區都有它自己的智者。在克萊爾郡有一位叫做比蒂・艾里（Biddy Early）的女智者，在高威郡有一名婦女叫做「小石屋的凱里希」或「克利夫登的老婦」，她也是一名智者。當人們對生活感到困惑或憂心未來的時候，他們常會去找那些智者。透過智者的建議，人們學習再次面對和應付命運，他們學習更堅定地活著，和享有免於迫近的危機與毀滅的保護。

智慧往往與生命的收穫時節有關，**分散的東西猶如一盤散沙，而聚集起來的才能成為一體，有個歸屬的地方。**因此，智慧是平衡知與未知、苦難與歡樂的藝術，它是把整個人性串連成一個新的、堅定的整體的一種方式。

我們的社會可以接受建言去關懷那些有智慧的老人，將他們結合為一個決策的智囊團。在清楚表達我們未來的願景上，老年智慧具有無價的助益。最後，智慧與眼光是良伴，創造力、批評力和預測力都來自於智慧的泉源，而老年人是智慧的寶庫。

老年與餘輝中的寶藏

老年也是生命中的黃昏。

愛爾蘭西部海岸的陽光真的非常神奇，許多藝術家都會來到這種陽光下工作。愛爾蘭西部的黃昏餘輝呈現出相當美麗的色彩，就像原本被白晝的日光掩蓋過去的燈籠顏色，現在有勇氣浮現出來，每一道色彩都很鮮明。

一天用這麼莊嚴又優雅的方式向我們告別，它的告別表現在黃昏餘輝中，在神奇的色彩和美麗之中。

黃昏之後的夜晚令人愉快，就像暮光美麗的色彩溜進夜色裡，夜色成為光芒的隱身之處，宜人而安和。相似的，在生命黃昏的老年，你生命中許多未被注意到的寶藏現在可能已顯而易見，唾手可得。

往往，**唯具有暮遲之年的覺察力，你才能真正窺見靈魂的奧祕。**當分析的霓虹光欲努力抓住靈魂時，靈魂總是趕忙把自己隱藏起來。暮遲之年的覺察力，可能是使害羞的靈魂更接近你的請帖，如此才得以窺探它渴望與可能性的美麗面容。

老年與自由

老年也是清理的時候，所有的感覺都需要清理。如果東西離你太近，反而注意不到它們，這就是我們往往未重視在我們身旁的老人的緣故。我們沒能退後一些，用他們應得的訝異、批判和欣賞的態度來看看他們。

我們也不會看看自己，因為人生總是太匆忙。

在老年時，隨著你的人生平靜下來，能夠做許多清理工作，於是才能看清自己，看看自己的人生對你做了什麼，以及你用什麼來成就你的人生。

老年是該鬆口氣的時候，你長年攬在自己身上的許多錯誤負擔都可以放下了。有時候，人所背負的最大負擔是自己造成的。年復一年把自己的負擔變得愈來愈大的人會說，這定然是我生命中的十字架，神啊，救救我，我希望神會給予我背負它的獎賞。

胡扯！看到凡間有人背負著自己創造、然後攬到身上的負擔，神一定會想，多麼愚蠢啊，他們以為那和我為他們安排的命運有關，其實是他們誤用了我賜予他們的自由和可能性。

錯誤的負擔可以在老年時卸下，開啟這個可能性的一個方法是，問問你自己，你背負了哪些寂寞的負擔？其中有些當然是屬於你的，但大部分都是你自己攬到身上的。開始放手，就是減輕人生的壓力和壓迫，然後才能感受到輕快和內心的極大自由。自由是老年的美妙成果之一，你可以去除那些早年對自己造成的傷害。墨西哥詩人奧克塔維奧・帕斯（Octavio Paz）用壯麗的文詞寫出這整個複雜的可能性：

我鑿穿岩石闢路，每年只艱辛地進步幾公釐。為了這幾公釐，我的牙齒耗損，指甲斷裂，只為了到達另一頭，追求陽光和流暢的空氣。現在我雙手淌血，牙齒動搖，在我千辛萬苦挖出的洞穴裡，不確定還要不要繼續，於是我停下來沉思。我把下半輩子的時間花在劈開石頭、鑿井、破門，去除我上半輩子置於陽光和我自己之間的障礙。

老年的祈禱詞

願你靈魂的光芒照拂你，
願你對變老的所有擔心和憂慮都改觀，
願你擁有懂得使用靈魂之眼的智慧，

去看這美好的收成季節。

願你努力收穫你的人生，

來癒療你的創傷，讓它更靠近你，與你合而為一。

願你擁有尊嚴，願你明白自己有多麼自由，

最重要的是，願你獲得美好的禮物——遇見你內在的永恆之光和美。

願上天賜福於你，願你在自己身上找到美好的愛。

6 死亡：黑井中的黎明

未知的夥伴

有一個精靈和你一起走在人生的道路上，這個精靈時時刻刻陪伴著你，它的陰影籠罩著你的每個想法和感覺。不管你是獨自一人或和別人在一起，它總與你形影不離。

在你出生的時候，它和你從子宮裡一起出來，但是大家歡欣慶賀著你的到來，卻沒有人注意到它。即使這個精靈就在你身旁，你也許看不到它的陪伴。

這個精靈的名字叫做死亡。

我們都有個錯誤想法，以為死亡在生命終了時才到達。你肉體的死亡只不過是人生過程的完結，而這個祕密夥伴從你出生開始便暗自運作著。**你的人生是你肉體與靈魂的人生，而且死亡的精靈同時籠罩著兩者。**

死亡如何在我們的日常經驗中向我們表露它呢？死亡在我們人生柔弱、脆弱、受傷或負面的時候，透過偽裝與我們相遇。死亡的其中一個面向是負面性，每個人身上都有某種負面的創傷，那就像你的人生起了水泡一樣。

即使是承平時期，你也可能造成自己的毀滅；有些人此刻擁有美好的人生，但是他們並未意識到。也許之後，當情況真的變得艱難或絕望時，才會有人回顧這一切，然後說：「你知道，我當時真的很快樂，但可惜我沒意識到。」

死亡在日常生活中的面貌

有一種壓迫的力量不斷加到我們身上，而且將我們從光明中拖離。負面性是徘徊在每一個人類形體旁的淒涼陰影的附屬品，在一首關於成長或心靈生活的詩裡，這種負面性的轉變，是我們後續的任務之一。

這種負面性是你自己死亡的力量和面向，侵蝕著你在這世界上的歸屬感，它想讓你成為你自己生命中的陌生人，把你困在遠離你自己愛和溫暖的流亡之中。你可以扭轉這種負面性，將它轉向你靈魂的光芒，然後靈魂的光芒會慢慢地把沉重、壓力和傷害從負面性裡驅逐出去。

最後，你稱做負面性的那一面會變成你內在恢復、創造和成長的最大動力；我們每一個人都要擔起這樣的任務。明智的人知道自己的負面性在哪裡，而且尚未沉溺於負面性之中。

在你的負面性之後，存在著更大更危險的勢力。在負面性轉變的過程中，你進入隱藏在這個勢力裡的光芒。

不斷變換你自己死亡的面貌，才能確保在生命終了時，你對肉體的死亡不再陌生，死亡並非違逆你的意志掠奪你的生命，你會很熟悉地了解它的樣貌。

死亡的另一個面貌，是用另一種方式透過恐懼在我們日常生活中表露它自己。**沒有靈魂是不活在恐懼的陰影下的，但能夠看清自己的恐懼，並且將這種恐懼轉化為創造力和成長的人，才是勇者。**恐懼最具威力的層面，是它歪曲你生命中真相的詭異能力。就我所知，沒有一種力量能像它一樣這麼迅速地摧毀生活中的幸福和寧靜。

恐懼有幾種不同的程度。許多人很害怕放手，所以用控制的機制來組織他們的生活，使一切井然有序。他們喜歡掌控發生在周遭和自己身上的事，但是控制過頭是沒有幫助的。你會困在你為自己的生活佈下的保護性計畫中，這會使你無法觸及你命中注定的福氣，控制必須是局部和暫時的。

在痛苦的時候，尤其是你死亡的時刻，也許無法維持這樣的控制。依據神祕主義者的觀點，若要進入內在神性的深處，需要客觀超然。當你開始懂得放手的時候，會驚訝於生活變得多麼豐富；一直以來你拚命想抓在手上的錯誤事情，很快的不再困擾你。

然後真實的、你所深愛的、真正屬於你的事物，會進入你內心深處，現在，再也沒有人可以從你那兒把它們奪走。

死亡是恐懼的根源

有些人害怕做自己，許多人允許自己的生活受到恐懼的限制。他們玩連續性的遊戲，塑造他們以為世人會接受或讚賞的謹慎角色。即使在他們獨處的時候，依然害怕面對自己。

一個人命運中最神聖的責任之一，就是做自己。**當你開始接受自己和喜歡自己的時候，便學會不害怕自己的天性。**在此刻，你和你的靈魂和諧一致，才能做真實的自己。你自信從容，取得平衡。

塑造一個符合別人期望的角色，用這種手段來折磨你的人生是多麼愚蠢、沒出息。人生很短暫，我們各自都有等待呈現在我們面前的特殊命運；有時候，由於害怕做自己，迴避掉自己的命運，最後自做自受，落得飢寒交迫的下場。

關於恐懼的威力，我聽過最貼切的是一則印度小故事。

有個人被責罰和一條毒蛇關在一間小房間裡過一個晚上，只要他輕輕動一下，蛇便會咬死他，所以他整晚都膽戰心驚地站在小房間的角落裡。

當第一道曙光照到房間裡的時候，他隱約看見蛇的身影出現在另一個角落。他大大鬆了一口氣，慶幸自己沒驚擾到蛇。然後隨著太陽升起，房間裡變亮了，他才發現蜷伏在另一個角落裡的不是蛇，而是一條舊繩子。

這則故事的寓意是，在我們心靈的許多空間裡都盤據著這種毫無害處的舊繩子，然後我們開始焦慮不安，直到那些舊繩子變成把我們禁錮在小房間裡膽戰心驚的怪物。

對付死亡的力量和勢力的方法之一，是轉變你的恐懼。當憂慮或害怕時，問問自己真正害怕什麼，是很用有的方法，它是一個可以解放自我的問題。

恐懼就像迷霧一樣，它四處瀰漫，使每一個東西的樣子都變得模糊朦朧。**當你把它鎖定在一個問題上的時候，它立即縮小到你能夠應付的程度。**當你知道令你害怕的東西是什麼時，就能從恐懼中取回你之前所投入的力量。

這也能把你的恐懼和未知的夜晚區隔開來，後者是每一種恐懼滋生的地方。來源不明會增加你的恐懼，所以恐懼總是在閃閃躲躲。當你能夠指出你的恐懼時，恐懼便開始縮小。

所有的恐懼都源自於害怕死亡，每個人在生命的某段期間或時間裡，都有很害怕死亡的時候。我們活在時間裡，而時間是出名地難以預料，沒有人可以肯定的說今天晚上、明天或下週會發生什麼事，時間可能將任何事情帶到你生命的大門前。

生命中最令人害怕的層面之一，就是這種不可預測性，任何事都可能發生。現在當你在看這本書的時候，世界各處都有人受到意外之事的野蠻打擊。現在發生在他們身上的事，將會永遠徹底地擾亂他們的生活。他們歸屬的地方被破壞了，生活永遠不可能回到從前那個模樣了。

有人在醫生看診室得到壞消息；有人發生了交通意外，再也無法走路；有人的愛人離去了，永不復返。當我們看向生命的未來時，無法預測將來會發生什麼事，我們什麼也不能保證。

但有一個事實是肯定的，那就是那個時候的到來，在早晨、傍晚或夜晚，當你受到召喚走出這個世界，當你必須死亡的時候。

雖然這個事實是肯定的，但事實的本質仍然完全難以預料。換句話說，你不知道自己會在何處死亡，是怎麼死的，什麼時候會死，誰會在你身邊，或是你會有什麼樣的感覺。這些都是關於死亡的事實狀態，是你生命中最具決定性的事件，而你完全猜想不透。

雖然死亡是一個人生命中最強大最終極的經驗，但我們的文化卻為了否定它的存在而吃盡苦頭。從某種觀點來說，全世界的媒體、形象和宣傳，都企圖教育出對永生的崇拜，所以很少人注意到生命中的死亡節奏。

如同伊曼紐爾・列維納斯（Emmanuel Levinas）沉重地說：

我的死亡在頃刻間來到，對此，我一點力量都使不出來。我終於在這樣的遭遇中碰到未曾遇過的障礙，透過克服或忍耐，我將它融入到我的生命裡，終結了它的相異性。死亡對我來說是種神祕的威脅，它躲躲藏藏的模樣，使它的接近無法預期，我和死亡之間的時間無止盡地愈變愈短，直到變成最後的一段間隔，我的意識無法橫越，但死亡終究會對我做出這一躍。跨越最後這一段的路上不會有我，死亡的時刻如逆流般……

凱爾特人對死亡的傳統觀念

凱爾特人在傳統上對於死亡的奇蹟有著很微妙的感覺，他們有一些關於凱爾特精神方面的死亡祈禱文。

對於凱爾特人來說，永恆的世界和自然世界非常接近，因此死亡不會被視為可怕或具威脅性的事情。當你進入永恆的世界裡，就像回到家一般，再也沒有陰影、痛苦或黑暗能夠傷害你。

在這個主題上，有一篇美好的凱爾特祈禱文：

我和你一起回家，回到你的家，回到你的家，
我和你一起回家，回到你冬天的家
我和你一起回家，回到你的家，回到你的家，
我和你一起回家，回到你秋天、春天和夏天的家。
我和你一起回家，你和我所愛的孩子來到你
　長眠之處，永恆的臥塌。

在祈禱文裡，整個自然世界和季節都與永恆的生命連結在一起。

你永遠也無法了解死亡或體會它所帶來的孤寂與淒涼，直到它來訪。在康尼馬拉，人們有一種說法：「你永遠也不了解死亡，直到它來敲你的門。」還有：「死亡是很直截了當的，任何說詞都沒有用。」以及：「死亡是無可逃避的。」意思是，當死亡找上你的時候，它會知道上哪兒可以找到你。

當死亡來訪

死亡是一個寂寞的訪客，在它造訪你的家之後，一切都變得不一樣。桌子旁多了一個空位，屋子裡少了一個人。

親近的人去世，令你產生一種難以置信的陌生感和孤寂感，就像你心裡有什麼東西破碎了，再也無法恢復一樣。你愛的人離開了，你曾經十分熟悉他的臉孔、雙手和身體。這個軀體，第一次，變得完全空虛，這令人感到惶恐又陌生。

在經歷過親人的死亡之後，你腦海裡浮現許多跟亡者有關的問題，他們去了哪裡，現在他們看到了什麼，有什麼樣的感覺。

親人的死亡是令人痛苦、寂寞的。當你真的愛著某人時，會願意代替他去死。但是當時候到了，沒有人可以替代別人的位置，我們每一個人都必須獨自離去。

奇怪的是，當人死的時候，他們可以說就是消失了。人類的經驗包括各種連續與中斷、親近與疏離。在死亡中，經驗達到最遠的邊界。亡者可以說是離開了形式與存在的世界。

在出生的時候，你不知道從哪兒冒出來，在死亡的時候，你又不知道消失到哪兒去。如果你和你的愛人吵架，然後她離開了，結果你又不顧一切的想再見面，不管距離有多遙遠，你都會千里迢迢的跑去找她。然而，當你體會到自己再也無法見到亡者時，悲傷落寞這種可怕的感覺便油然而生。

他們的生命不再，他們的音容不再，存在變成——如希薇亞・普拉斯（Sylvia Plath）所說——像樹一樣開始在你身邊成長的某種東西。

愛爾蘭的哀悼傳統

在愛爾蘭傳統中有諸多美好的事情，其中之一便是對死亡的接受力。當村裡有人過世時，大家都會去參加喪禮。首先，大家先到亡者家裡弔慰。鄰居們聚在一起支持家屬，給予他們協助。這是一項美好的禮物。當你陷入絕望和孤單時，你需要鄰居的協助、支持，帶你走過低潮期。

愛爾蘭有一種哀悼傳統，有一群人，主要是婦女，會來為亡者唱輓歌。那是一種充滿無盡孤寂的高調哭號，哀悼的內容清楚地描述了如這些婦女所知的亡者生平。隨著亡者的離世，逐漸展開了悲傷的儀式，並優雅地伴著亡者的故事。

這項哀悼傳統把一個人的生平重要事蹟集中起來，它固然令人心碎和落寞，但是它創造了一個被人接受的儀式空間讓喪親家屬哀悼與難過。這種哀悼有助於人們用自然的方式發洩落寞與悲傷的情緒。

愛爾蘭還有一種叫做「守靈」的傳統，這是為了確保人死後的那晚不會被棄之不顧。鄰居和親友伴著亡者的軀體度過它永恆改變的前幾個小時，期間通常會提供一些酒和菸草。然後同樣的，親友之間的談話又變成取自亡者一生中不同的元素而編織成的回憶。

親吻軀體的靈魂

人要經過好一陣子才會真正死亡，舉例來說，死亡可能發生得很快，但是靈魂離開身體的方式因人而異。對於有些人來說，在靈魂完全脫離之前，可能要花上幾天的時間。

對此，明斯特地區有一個關於亡者的有趣傳說。

當靈魂離開軀體之後，它來到家門口展開回到永恆之境的旅程。但它回頭看著現在已空虛的軀體，在門口徘徊不忍離去。然後靈魂親吻了軀體，和它說話。靈魂感謝軀體做為它今生旅程的招待所，會記得在這一生中軀體所展現的好意。

凱爾特傳統認為，亡者便棲息在不遠處。在愛爾蘭，到處都有人們見過鬼魂出沒的地方、曠野和老舊廢墟。那種民間傳說認為，原本住在某個地方的人們，即使在他們變成不可見的形式之後，仍然會在那個地方流連。

他們還有一個死亡靈車的傳說。我阿姨住在山腰上的一個小村子裡，年輕時候的某個夜晚聽到了死亡靈車的聲音。

那是由幾間聚集在一處的屋子所組成的小村子，有一天晚上她獨自在家，聽到像是桶子互相碰撞的聲音。死亡靈車從天而降，就在她家旁邊的馬路上，然後沿著山路一直走下去。

村子裡所有的狗都聽見了吵雜聲，並且追著死亡靈車跑。這個故事的寓意是，看不見的世界有讓靈車通行的祕密道路。

報喪精靈班西

在愛爾蘭傳統中還有一個很有趣的角色，叫做班西。「西」在愛爾語中是仙子的意思，所以班西的意思就是仙女，她是為將死之人報喪的精靈。

有一天晚上，我父親聽到班西哭號的聲音，兩天之後，一個鄰居就過世了——班西常為他們家報喪。這個故事的寓意是，凱爾特傳統認為，永恆的世界與短暫的世界是彼此交織在一起的。往往在發生死亡的時候，永恆世界的居民會來到凡間。

一個人的死亡可能要花上幾天或幾小時的時間，而且往往在死亡的前一刻，那人也許會看到已過世的母親、祖母、祖父，或某個親人、配偶或朋友。當一個人快要死的時候，這個世界和永恆世界之間的帷幕變得非常薄。有時候，帷幕真的被掀開了一下，讓你確實瞥見了永恆的世界。已活在永恆世界的朋友會來看你，帶你回家。

通常對於瀕死的人而言，見到朋友會讓他們得到很大的力量、支持和鼓勵。這個高尚的觀點指出，人在死亡的那一刻，周圍凝聚了驚人的能量。

對於這種時刻的可能性，愛爾蘭傳統展現了極大的善意。每當有人過世的時候，人們便會在亡者的身旁灑上一圈聖水，這有助於抵擋黑暗靠近，得以幫助剛過世的人在他們最後的旅程中保持光明。

有些人很害怕死亡，但其實並不用擔心。當死亡來臨的時候，你會以優雅、高尚、值得信賴的方式，得到旅程上所需的一切。

優雅從容地離世

我曾經探望過瀕死的朋友，她是個美麗的年輕女性，兩個孩子的媽。協助喪事的牧師也是她的朋友，他了解她的靈魂和心靈。

在感覺得出那晚自己會走的時候，她變得十分驚恐。牧師握著她的手，很用心地祈禱，希望能得到隻字片語的啟示，做為她旅程的橋樑。他十分了解她的人生，於是他開始攤開她的記憶。他跟她說她的善良、她的美好和仁慈，她樂於助人，而且從來不會傷害別人。

他幫她回想起生命中的重大時刻，他跟她說，不用害怕，她只是回到家裡，那個地方很歡迎她。把她送到人間的上帝會欣然接納她，溫柔親切地帶領她回家。對此，她可以百分之分的放心。

漸漸地，她心裡產生一股強大的沉著和平靜的感覺，她所有的驚慌都轉變成我在這世上極少見過的沉著。她所有的不安、憂慮和恐懼，完全消失了。

現在她達到完全的和諧狀態，十分平靜。他告訴她說，她必須做她這輩子最困難的事情，也就是向每個家人道別。這是極為孤單和困難的。

他出去把她的家人聚在一起，告訴他們說，每個人可以進去五到十分鐘的時間，他們要進去和她說話，告訴她說他們有多愛她，以及她對他們來說有多重要。他們不能哭或加重她的負擔，他們可以事後再哭，但是現在他們要完全專注於讓她輕輕鬆鬆地走上旅程。

然後每個人都進來跟她說話，安慰她，祝福她。他們每個人出來時都很憔悴，但是他們已經送給她感謝、認同和愛的禮物，這些優美的禮物能幫助她走上旅途。

她看起來很好，牧師走上前去幫她抹上聖油，然後我們一起吟誦祈禱文。在微笑和寧靜中，她快樂地踏上必須獨行的旅途。

能出席那個合場對我來說是一種榮幸，因為我對死亡的恐懼感第一次被轉變了。它讓我了解到，**如果你帶著慈善之心活在這個世界上，如果你不增加他人的負擔而且還試著用愛來對待別人，那麼在輪到你走上那個旅程的時候，會得到走入另一個世界所需的沉著、平靜和自由**，讓你帶著優雅、高尚和願意接受的心態離開。

和這個正要進入永恆世界旅程的人在一起，是一項無上的殊榮。當你有機會見別人最後一面時，你應當要留意他們的狀況。換句話說，你不應該專注在自己的悲傷上面，應該全心專注於陪伴那個即將踏上旅程的人。

大家應該盡其所能地幫助即將離開的人，盡量使他們在彌留狀態時感到輕鬆、舒適。

我喜歡愛爾蘭的守靈傳統，它的儀式讓靈魂有充分的時間準備離開。靈魂並不是在突然間離開身體，而是緩緩地離去。你會注意到在死亡剛開始的階段裡的身體變化，有一陣子的時間，亡者並非真正往生。

別讓亡者孤獨離去是很重要的，殯葬場所是陰氣很重的地方，如果可能的話，人死時身旁應該圍繞著親友，亡者才能經歷舒適、輕鬆和有安全感的過渡期。大家應該為亡者唸許多祈禱詞，來幫助他走上回家的旅程。

死亡是踏入未知世界的門檻，每個人在踏上旅程之時都需要諸多的庇護。

在現代生活中，死亡的待遇很不體面。葬禮的戲劇性足夠，但往往流於形式和表面化。現代消費主義的社會，已經喪失了了解這種生命禮儀所需的儀式感和智慧。進入死亡旅程的人，需要更多有深度的關懷。

死亡是離我們最近的鄰居

死亡並不遙遠，它非常非常接近我們，我們每個人總有一天都要面對自己的死亡之約。我喜歡把這個約會想成與你最深層的本質和最隱晦的自我的相遇，這是一個走向新地平線的旅程。

在我還是小孩子的時候，當我看著村子附近的山時，會夢想著有一天，自己大到可以和叔叔一起登上山頂。我想著，我能從地平線上看到全世界。記得，當那天終於來臨時，我興奮極了。叔叔要到山上放羊，他說我可以跟他一起去。當我爬上山頂、來到我以為可以看到地平線的地方時，卻感到一陣失望。不只是因為當我到達那裡時並未看到所有的東西，也因為遠方還有更多的地平線。

雖然失望，但那個陌生的地方仍然令我感到興奮，每一個新階段都揭露了新的世界。對此，傑出的德國哲學家加達默爾（Hans Georg Gadamer）說得很巧妙：「地平線是我們旅行的方向，但也是我們旅程上的夥伴。」這是關於了解你自己成長中的不同視野，一個深具啟發性的比喻。

如果你一直努力去勝任自己的命運，並且讓自己配得上沉睡於你心中的可能性，那就能夠不斷達到新的地平線，得到新的視野。

對照之下，死亡可以被理解為最後的地平線。在那個地平線之後，你個人特質最深處的湧泉在等待著你。從那口湧泉中，你會看到自己永恆面容的美麗與光芒。

自我和靈魂之間的戰役

在我們與死亡——那個沉默又神祕的夥伴——的爭鬥中，關鍵的一戰是介於自我和靈魂之間的戰役。自我是我們圍在自己生活周遭的盾牌，它代表著害怕、受威脅和貪婪，它的行為往往是過度保護，而且極富競爭性。

相較之下，靈魂不設立屏障。偉大的希臘哲學家赫拉克里特斯（Heraclitus）說：「靈魂無極限。」靈魂是走向無數個地平線的朝聖之旅，沒有禁區，靈魂瀰漫在一切裡。再者，靈魂和時間一樣具有永恆的特質，從不懼怕即將面臨的事情。

從某種意義上來說，在日常生活中以失敗、感傷、負面、恐懼或消極等形式遭遇你自己的死亡，實際上正是轉變你自我的機會。這些機會誘導你走出具保護和控制色彩的自我，走向開放和具接受力的自我。

實踐這種做自我的藝術，才能與靈魂的節奏和諧一致。倘若你和靈魂的節奏和諧一致，當最後遭遇肉體的死亡時，便不需害怕或崩潰。那最後的遭遇將會是你與最深處的自我——也就是你的靈魂——的相遇。

肉體的死亡並不是由來自陰間的猛獸斬斷你的生命，然後拖進一個無人知曉的地方。**在你肉體死亡的假象之下，是你最深處自我的浮現，這個自我正欣然等待著與你的會晤。**你的內心深處，是渴望與你的靈魂相會的。

在我們的一生當中，我們一直奮力要趕上自己。但我們的時間被佔滿了，我們太忙、被雜務佔據，以致於無法挪出足夠的時間來認識內心深處的自己。我們拚命地想看見自己、遇見自己，但是我們太複雜，人心又有這麼多的層面，所以幾乎永遠無法與自己相遇。

哲學家胡塞爾（Husserl）很擅長於這個主題，常常談論 Ur-Präsenz，也就是一個東西、物體或人的原始樣貌。在我們的日常經驗中，我們只能瞥見自己身上模糊的完整樣貌，但無法面對面地看清自己的模樣。**在我們瀕臨死亡的時候，所有將我們和自我隔開的防衛屏障都退去了，靈魂緊緊擁抱著我們。**基於這個緣故，死亡不見得是負面或消極的事件。你的死亡也許是開啟你心扉的美好事件，使你欣然接納一直祕密地活在心中的上天。

死亡開啓了自由之門

你不應該在被生活壓迫得喘不過氣的時候思考死亡，千萬不能把你的權力交給一個體制或其他人。你應該保持靈魂的沉穩、平衡和力量。假如沒有人能讓你免於死亡，那麼就沒有人擁有最終的權力。

所有的權力都是自命的主張，沒有人能夠免於死亡。因此，這世界絕不會令你相信它有凌駕在你之上的權力，因為不管怎樣，它就是沒有讓你免於死亡的力量。

其實，改變你害怕死亡的力量，就存在於你自身。若能學習不害怕自己的死亡，才能體會，你也不需要害怕其他任何事情。

瞧一眼你死亡時的容顏，也許能為你的人生帶來無限的自由。這也許令你覺察到你在人世間僅有的時間。浪費時間是人生中最大的損失之一，所以，許多人就如派屈克・卡瓦納（Patrick Kavanagh）所說：「一直在為人生做準備，而非活在當下。」

你的人生只有一次機會。你的人生只有一趟旅程，你無法重複任何一個時刻或抽回踏出去的任何一步。看來，**我們注定要與遇到的一切共存。存在生命陰暗面裡的，是死亡。**如果你真的對生活全力以赴，死亡永遠不會擁有凌駕於你的權力，它看起來絕不像是消極、負面的事件。它可能成為你終於能探尋你最深處的寶藏（你的本質）的解放時刻，它可能是為你敞開的大門，讓你進入你靈魂的聖殿。

如果你懂得放手，才能從生活中的各個小方面學會精神上的死亡。當你懂得放手時，生命中才會出現更多的慷慨、開放與生氣。

想像一下，在你死亡的那一刻，這種懂得放手的行為已經做過千百遍。這樣的解放能夠引導你進入一種全新的、上天的歸屬感。

虛無：死亡的面容

我們在這個世界所做的一切，都被虛無包圍著。

這種虛無是死亡呈現在我們面前的形式之一，虛無是死亡的面容之一。靈魂的一生便是關於虛無的轉變，就某種意義而言，新的事物如果沒有空間，便無法浮現出來。那個空空如也的空間，就是我們所稱的虛無。

著名的蘇格蘭精神科醫師隆納・大衛・連恩（R. D. Laing）曾說：「沒有什麼好害怕的。」它的意思不只是沒有什麼好害怕的，同時也是，不用害怕「沒有」，也就是說，虛無到處都是，無所不在。只因為我們迴避這個知識領域，所以往往輕視了空虛和虛無。

從精神的觀點來看，它們可以被理解為永恆存在的模式。永恆主要以虛無和空虛的形式呈現在我們面前，只要沒有空間，永恆便無法甦醒；只要沒有空間，靈魂便無法甦醒。

對此，蘇格蘭詩人諾曼・麥凱格（Norman MacCaig）優美地描繪在他的詩裡：

存在

我贈予你空虛
我贈予你充實
請小心地將它們展開
——它們同樣的脆弱——
當你向我致謝時
我會假裝沒注意到你聲音裡的懷疑——
當你說它們正是你想要的東西之時。

把它們放在你床邊的桌上
當你在清晨醒來時
它們將會走過沉睡之門
進入你的心裡。無論你到哪裡
它們如影隨行
無論你在何處

對於你無法再增添的充實和
你所能填滿的空虛
你都會驚歎，微笑。

這首優美的詩指出，在靈魂生命的核心中有空虛和充實的雙重節奏。虛無和可能性的關係就像姐妹一樣，它為新的和意料之外的事情緊急挪出一個空間。

當你覺得虛無和空虛在啃食你的人生時，不需要絕望。這是來自你靈魂的召喚，喚醒你的人生去揭開新的可能性。它也是一個跡象，顯示你的靈魂渴望將你死亡的虛無轉變成永恆生命的充實，令死亡永遠無法觸及。

死亡並非結束，而是重生。我們在這世上活得太酸楚，我們稱做人生的微小光明區域，要在兩個未知的黑暗地帶間取得平衡。

我們的起源裡有著未知的黑暗面，我們從這個未知和被稱做生命開端的光明帶中突然跑出來。然後當我們最終回歸於未知時，又消失在未知的黑暗中。

山謬．貝克特（Samuel Beckett）是一位優異的作家，他曾深思過死亡的奧祕。他的短劇《呼吸》只有幾分鐘長，首先是新生兒在哭號，然後是一點點的呼吸，最後是死時的嘆息。這則戲劇是我們人生中重大時刻的摘要。

貝克特的所有作品，尤其是《等待果陀》，都是關於死亡的。換句話說，由於死亡的存在，時間完全被相對化。我們在這裡所做的一切，都是為了度過光陰所發明的遊戲。

等待與空缺

我的一位朋友跟我說過關於他鄰居的故事。當地學校的孩子們要到城裡去看《等待果陀》，這個人和他們在公車上坐了一程，他打算到城裡找一些酒友。他和那些學童一起往劇院的方向走了一陣子，並且迅速地鑽進兩、三間酒吧裡看看朋友在不在，但他們都不在。

由於他身上沒錢，不能自己一個人喝酒，最後只能跟著看《等待果陀》。他向我的朋友訴說他的經驗：「那是我這輩子看過最詭異的戲劇，看起來，擔任要角的傢伙從沒現身，於是台上的演員只好即興表演了一整晚。」

我覺得那是對《等待果陀》很好的分析評論，山謬．貝克特本人會很喜歡的。從某方面而言，我們一直在等待團聚或有所歸依，那個來之不易的重大時刻。

我們心裡總是有空缺，覺得我們的生活裡似乎缺少了什麼東西，我們一直希望由一個明確的人、或物或計畫來填補它。

我們用盡一切辦法也要填補這個空虛，但是靈魂告訴我們，這個空缺永遠填不滿。

死亡是宇宙間和每一個生命的一大創傷。但諷刺的是，引導我們進入新的心靈成長境界的，正是這種創傷。思考你的死亡，能夠幫助你迅速改變固定和習慣的看法。

有形的物質領域不再是你生活的依據，你會開始提升感覺的敏銳度，並對隱藏在生命中的寶藏變得更有覺察力。一個真正講究心靈的人會培養自己本質上的感覺強度，你無形的本質所秉持的特質和寶藏是時間永遠無法傷害的。它們必然屬於你，你無需費力去攫取、贏得或保護它們。

這些寶藏都是你的，沒有人可以從你這裡奪走。

死即是生

想像一下，你和在子宮裡的胎兒說話，向它解釋它與母親的一體性，這條親子間的臍帶如何賦予它生命。然後你告訴胎兒這一切要結束了，它將要被排出子宮，經過一個狹窄的通道，最後來到空曠光亮的地方。繫住它和母親子宮的臍帶將被剪斷，它將永遠靠自己的器官生存。

如果那個胎兒能夠回答，它會害怕自己即將死去，因為胎兒在子宮裡，出生在它看來就像死亡一樣。

我們的困難點在於，我們只能從單方面去看這種問題。換句話說，我們只能從單方面去看死亡。許多人都有死亡的經驗，但是沒有人能夠回來把那種經驗告訴我們。逝者已矣，永不復返。因此，我們無法真的看到由死亡開啟的那一半循環。

對此，哲學家奧根斯坦（Wittgenstein）說得好：「死亡並非一個人生命中的經驗。」它不能成為一種經驗，因為它是生命的結束，人在生命中才能體會各種經驗。

我喜歡把死亡想像成重生，人死後的靈魂處在一個新世界裡，不再有分離、陰影或淚水。

我的一個朋友，她的兒子過世時才二十六歲。我去參加葬禮，當棺木入土的時候，她其他的孩子都在場。那些兄弟姐妹們齊聲悲號，她還抱著他們說：「別哭，入土的不是他，那只是他在這一生裡所用的皮囊。」

這是一種很好的想法，把軀體視為皮囊，而獲得解放的靈魂現在已活在永恆裡。

死亡消弭了我們的隔閡

康納馬拉的墓園很接近海邊，海邊到處都是砂質壤土。如果要挖一個墓穴，必須從三邊切開草皮，小心翼翼地從表面把草皮捲起來，不能斷裂。然後放下棺木，唸祈禱文，為此墓祈福，再把它填好。最後把草皮滾回去，恰恰好對齊之前的切口。

我的一個朋友稱之為「逆向剖腹手術」，那就像地球的子宮，在不破壞的情況下，把一個曾經以泥身出世、與世界分離、然後活在世上的人再收回去。

那是一種返家、完全被收回去的象徵。

活在這世上真的很奇妙，你以一個軀體到處走動，你的內在有一個完整的世界，你腳下也有一個外在於你的世界。這是一種無上的殊榮，但不可思議的是，人們竟然想設法忘記活在這世上的奇蹟。

德國詩人里爾克（Rilke）說：「活在這世上意義非凡。」但詭異的是，社會現實把我們麻木到完全沒能注意到生活中的神奇奧祕。

我們生活在這裡，我們的自由既豪放又危險。我們活在這個世界上有一個比較孤單的層面，那便是我們與世界的隔閡。當你活在一個軀體裡，你與其他所有事物和人都有所隔閡。我們祈禱、去愛和創造的許多嘗試，其實都是私底下企圖改變那種隔閡，以便建立架設在我們與他人之間的橋樑，使彼此交流。

當死亡來臨時，這種生理的隔閡被打破，靈魂從軀體這個特定又專屬的地方被釋放出來，然後進入心靈歸屬的自由又流暢的宇宙裡。

在永恆的世界裡，空間與時間會不一樣嗎？

空間與時間是人類特性和觀念的基礎，從來沒有哪些觀念是不包含這些元素的。空間元素意味著，我們總是處在有隔閡的狀態；我在這裡，而你在那裡。即使是你最親近的人、你所愛的人，仍然處在與你不同的世界裡，這便是愛的酸楚之處。兩個很親密的人非常希望合而為一，但是分隔的空間令他們之間存在著距離。在空間裡，人與人之間一直是有隔閡的。

觀念和特性的另一個元素是時間，時間也總是把我們分開。原始的時間是線狀、無條理和片段的。你以往的日子都消失了，消失得無影無蹤，而未來尚未到來，你所擁有的就是此刻這短短的一瞬間。

當靈魂離開軀體後，它不再承受空間和時間的壓力與控制。靈魂得到自由，距離與隔閡不再造成阻礙。亡者是最接近我們的鄰居，它們就在我們周遭。曾經有人問艾克哈特大師，人死後，他的靈魂會到哪兒去？永恆的世界在哪裡？答案是，除了這裡之外，它不可能在別的地方。

我們一直錯誤地以為永恆的世界是另一個空間，我們把永恆置於遙遠的銀河裡。但**永恆的世界並不是一個地方，而是一種不同的存在狀態。**人的靈魂不會跑到其他地方，因為它沒有其他地方可去。這表示亡者就與我們在一起，時時刻刻都在我們穿過的空氣中。我們和亡者唯一的不同點是，他們現在是肉眼不可見的形式。你無法用人類的肉眼看見他們，但是你能夠感覺到過世親人的存在。隨著你靈魂的昇華，你可以感覺到他們，你感覺到他們就在身旁。

我的父親跟我說過一個故事，有位鄰居對當地的牧師很友善，愛爾蘭到處都有關於德魯伊修道士和牧師具有神奇力量的傳說。這個鄰居和那個牧師喜歡花很多時間散步，有一天鄰居問牧師，亡者都到哪兒去了？牧師告訴他不要問這樣的問題，但那人很堅持，最後牧師說，我會讓你看到，但你絕不能告訴別人。

不用說，後來那個人沒有遵守諾言。牧師舉起他的右手，就在他的右手下方，那人看到到處都是亡者的靈魂，就像葉片上的露珠那樣密集。

我們的孤單和寂寞往往是錯誤的心靈想像結果，我們忘記了，根本沒有不被佔用的空間有的空間都充滿了各種形式的存在，尤其是那些永恆、肉眼不可見的靈魂。

對於已逝者來說，時間也是不一樣的。在凡間，我們困在線狀時間裡，忘卻了過去，過去對我們來說不復存在，而且我們無法得知未來。

對於亡者來說，時間必定是截然不同的，因為他們現在活在永恆的世界裡。

之前我們談過大地景色和愛爾蘭的景色是多麼地反線性，以及凱爾特文化從來不喜歡直線，卻偏愛圓環的形狀。在圓環裡，開頭與結束彼此間是有關係的，這種關係就存在於時間與大地的整體性之中，循環不已。

也許當一個人去到另一個世界的時候，他／她回頭看到我們在這裡所說的過去，也看得到所有的未來。對於亡者而言，當下的時間全部都在眼前。這表示，我們已逝的親友，比起還在世時的他們，現在他們了解的我們卻更多、更深。他們知道我們的一切，即使事實也許令他們失望。但是既然現在他們已經是不同的形式了，他們的理解和同情能力，會相稱於他們後來所知道的關於我們的一切。

亡者給予我們的祝福

我相信我們已逝的親友是很在意我們的，也會照拂我們。

也許，你一路上常遇到不幸的大石頭要砸到你身上，但是你已逝的朋友會撐住它，直到你安全通過。未來七百年裡在演化和人類意識上所產生令人興奮的發展，也許是與看不見的永恆世界之間的全新關係。我們也許會用一種很創新的方式，和在看不見的世界裡的朋友取得聯繫，所以我們不需要為亡者感到悲傷。

我們為什麼要為他們感到悲傷？他們現在正生活在一個沒有陰影、黑暗、孤單、寂寞或痛苦的地方。他們回到家了，他們和上帝在一起，上帝正是他們的來處。

他們回到上帝的偉大圓環裡、所歸屬的巢中。上帝是最偉大的圓環，宇宙間最大的懷抱，把可見和不可見的、短暫與永恆的合而為一。

在愛爾蘭的傳統裡，有許多故事是關於人在死後遇到所有的已故親友。對此，馬丁．歐卡漢（Mairtin Ó Cadhain）的小說《不得安息》有很精彩的描寫。這是關於墓園裡的生活，以及埋在那兒的人們之間所發生的故事。在永恆的世界裡，一切都合而為一。在心靈的空間裡是永恆的，在永恆的時間中，時間沒有被切分為今天、昨天或明天。在永恆的時間裡，一切都是現在，時間就是此刻。

我相信這便是永恆生命的意思：在永恆的生命中，我們所追尋的一切——真、善、美與和諧——不再離我們遙遠，而是完全與我們同在。

詩人托馬斯寫過一首關於永恆的美麗詩篇，它刻意寫得很短，但意義非凡：

我想，也許
我會更肯定一點地去
再靠近一些。
就是那樣。永恆
在於理解
比足夠還多的那麼一點點。

卡里．紀伯倫清晰闡明了我們所謂的靈魂朋友友誼中的團結，連死亡都能克服：

你們生來就在一起，今後你們也應該永遠相伴。當死亡的白色翅膀企圖擊潰你們的時候，你們應當團結起來。是的，即使在上帝沉默的記憶中，你們也應當團結一致。

我想用一首優美的十三世紀波斯祈禱詩，做為這一章的結束。

有些夜晚會守候到黎明，就像月亮有時也會為太陽守夜一樣。
把桶子裝滿，從黑暗的井中一路拉上來，然後抬到陽光之下。
有人助我們展開翅膀，驅走厭倦與傷痛。
有人將我們眼前的杯子斟滿，讓我們品嚐神聖的滋味。

死亡的祈禱文

我祈求你有幸得到神的撫慰，得以安息。
願你了解，在你的靈魂裡，你無需害怕。
當你的時間到來，願你得到神的賜福和你所需要的庇護
願你即將回歸的家欣然接受你。

你並非去到陌生的地方，而是回到你從未離開過的家。

願你一刻也不懈怠的盡情活著。

願你的生活充滿熱情、創意，改變你內心和關於你的一切負面事物。

願死神放緩腳步，讓你盡享天年，

願你平安喜樂，愛你者常伴身側。

願你得到庇佑和歡喜的接納。

願你的靈魂在你靈魂朋友的懷抱中洋溢著微笑。

感謝

我要感謝我在Harper Collins的編輯戴安．瑞弗朗，給予我的鼓勵與幫助。也要感謝金．魏勒斯賓和她的辦事處，她信任我的作品，辦事處也發揮了調解作用。感謝Sounds True的塔米．西蒙和麥可．泰夫，他們給予我關懷與支持，也謝謝安妮．米諾克的引見。還有約翰．戴維特，他閱讀我的手稿，提出了精闢、創新、文學性的評論。瑪莉安．歐培恩看過了每一份稿子，謝謝她的鼓勵、彌足珍貴的編輯建議和關注。感謝大衛．懷特如兄長般的關懷與慷慨，謝謝艾琳．溫嘉德對本作品的支持和信心，感謝我家人一切的日常魔力和歡笑！謝謝天地和先人，也謝謝給予我保護和光明的朋友們。

New Life

26

New Life
26